Graça na Praça

UBERTI

Graça na Praça

L&PM
EDITORES

Texto de acordo com a nova ortografia.

Capa: Uberti

CIP-Brasil. Catalogação-na-Fonte
Sindicato Nacional dos Editores de Livros, RJ.

U14g

Uberti, Jorge, 1941-
    Graça na praça / Jorge Uberti. – Porto Alegre, RS: L&PM, 2010.
    128p. : il.

    ISBN 978-85-254-2083-1

    1. Praças - Caricaturas e desenhos humorísticos. 2. Humorismo ilustrado brasileiro. I. Título.

10-4692.   CDD: 741.5981
                              CDU: 741.5(81)

© Jorge Uberti, 2010

Todos os direitos desta edição reservados a L&PM Editores
Rua Comendador Coruja 314, loja 9 – Floresta – 90220-180
Porto Alegre – RS – Brasil / Fone: 51.3225-5777 – Fax: 51.3221-5380
Pedidos & Depto. Comercial: vendas@lpm.com.br

Fale conosco: info@lpm.com.br
www.lpm.com.br

Impresso no Brasil
Primavera de 2010

Aos meus pais, Homero e Maria

A ele, pelo DNA para o desenho e pela decisiva admiração ao meu trabalho.

A ela, pelo apreço silencioso e por preservar meus desenhos de infância, a minha surpresa na maturidade.

e

Ao meu filho, David
Por ser a minha melhor criação.

Sumário

Por uma praça aprazível – *Fraga* / 9

O chafariz & a praça / 11

Habitantes & passantes / 23

Fedelhos & pentelhos / 45

Pets & cuscos / 59

Tempos & ventos / 71

Bebuns & bebedeiras / 79

Pombas & pombas / 87

Sem-teto & sem chão / 97

Carros & pedestres / 105

Por uma praça aprazível

Fraga

O Uberti tem um ótimo posto de observação da vida porto-alegrense: ele veio do Alegrete. E tem outro, próximo a um triângulo que é o contrário daquele das Bermudas: aqui, graças à arte do Uberti, tudo aparece, comparece, reaparece. Desse ângulo, já não dá pra dizer se é ele que é um observador privilegiado ou se é a praça que tem o privilégio de ser observada por ele.

Assim e como as empresas que patrocinam a conservação de logradouros, o Uberti fez parecido: adotou a praça ilhada entre três rios de tráfego. Como se pode admirar a seguir, a praça já está preservada para sempre, tombada na memória do leitor.

Para avaliar o significado desse patrimônio de celulose e nanquim – que surgiu no blog Tinta China (www.grafar.blogspot.com) – só esmiuçando o encantador projeto do Uberti, que se desdobra em várias funções.

A adoção inclui recursos generosos: esboçar, desenhar e redesenhar o cenário, com recreação infantil, bancos e sua atração principal: o vistoso e singular chafariz. Como zeloso funcionário municipal, Uberti repara o paisagismo, ajusta a arborização ao ciclo da natureza. Faça chuva ou faça sol, o cartunista fornece o clima, com a força dos elementos sob seu controle.

Com a população da praça, o habilidoso Uberti faz o censo diário. Moradores dos arredores, passantes e andarilhos, mulheres e fedelhos, pets e cuscos, pombas e pombas, todos são cadastrados primeiro no grafite e depois entintados. E assim, além das gentes como a gente, o Uberti povoa a praça de seres imaginários, figuras nostálgicas e personagens líricos.

Como técnico de som, Uberti domina a praça: é o regente da sinfonia passarinheira e o maestro dos concertos das britadeiras e da cacofonia automotiva. Mas seu maior prazer é harmonizar o alarido feminino e a algazarra da gurizada.

O mais atraente, porém, são os eventos que o Uberti cria ou recria. A partir do memorial bem-humorado e afetivo, faz desfilar fatos, situações, incidentes e momentos que seriam óbvios não fosse a riqueza da narrativa visual. Seus cartuns são sensíveis depoimentos gráficos, a maioria inesquecíveis.

Antes de se deliciar com este livro adorável, conheça o autor: elegante do traço às troças, o Uberti cultua mestres, cultiva amizades e detesta aculturação – enfim, é um cara cult. Seu olhar de arquivista abarca desde a infância no interior até a zoeira da capital. Só ele, detalhista diante da vida que passa, que vem ou que fica, poderia compor painel tão genuíno. Não é só humor: é a cidade humanizada.

o chafariz & a praça

habitantes & passantes

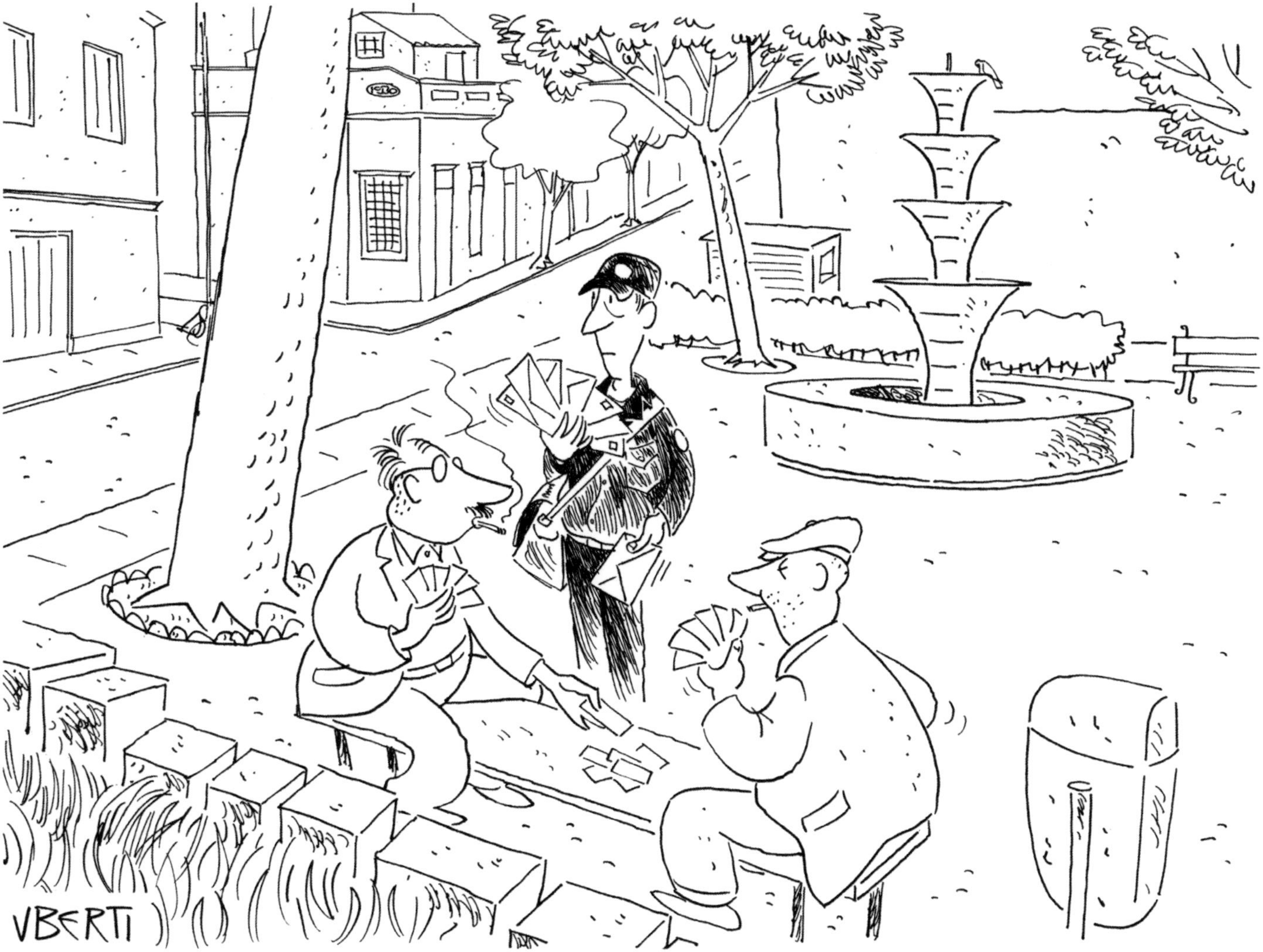
VBERTI

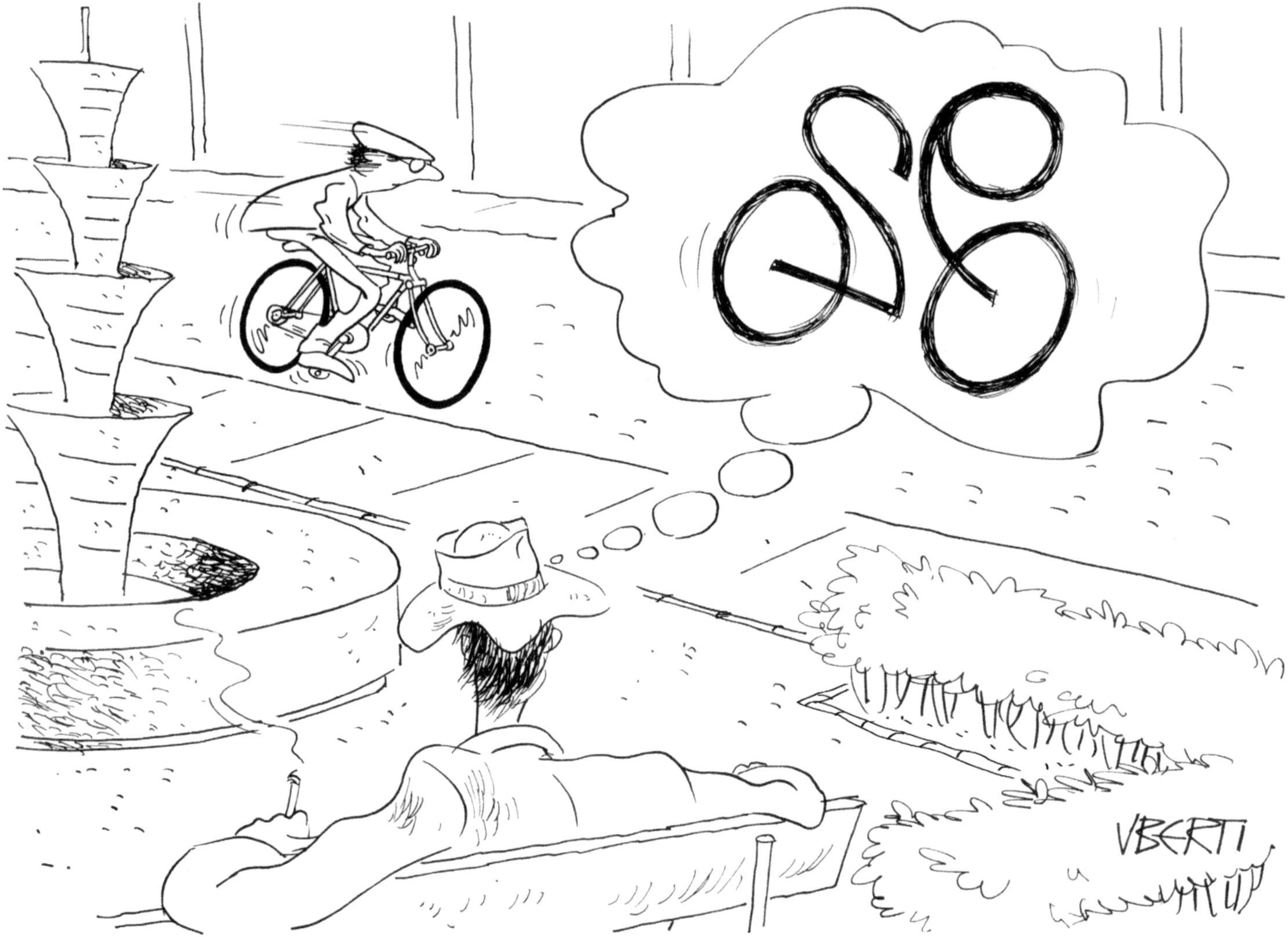
VBERTI

39

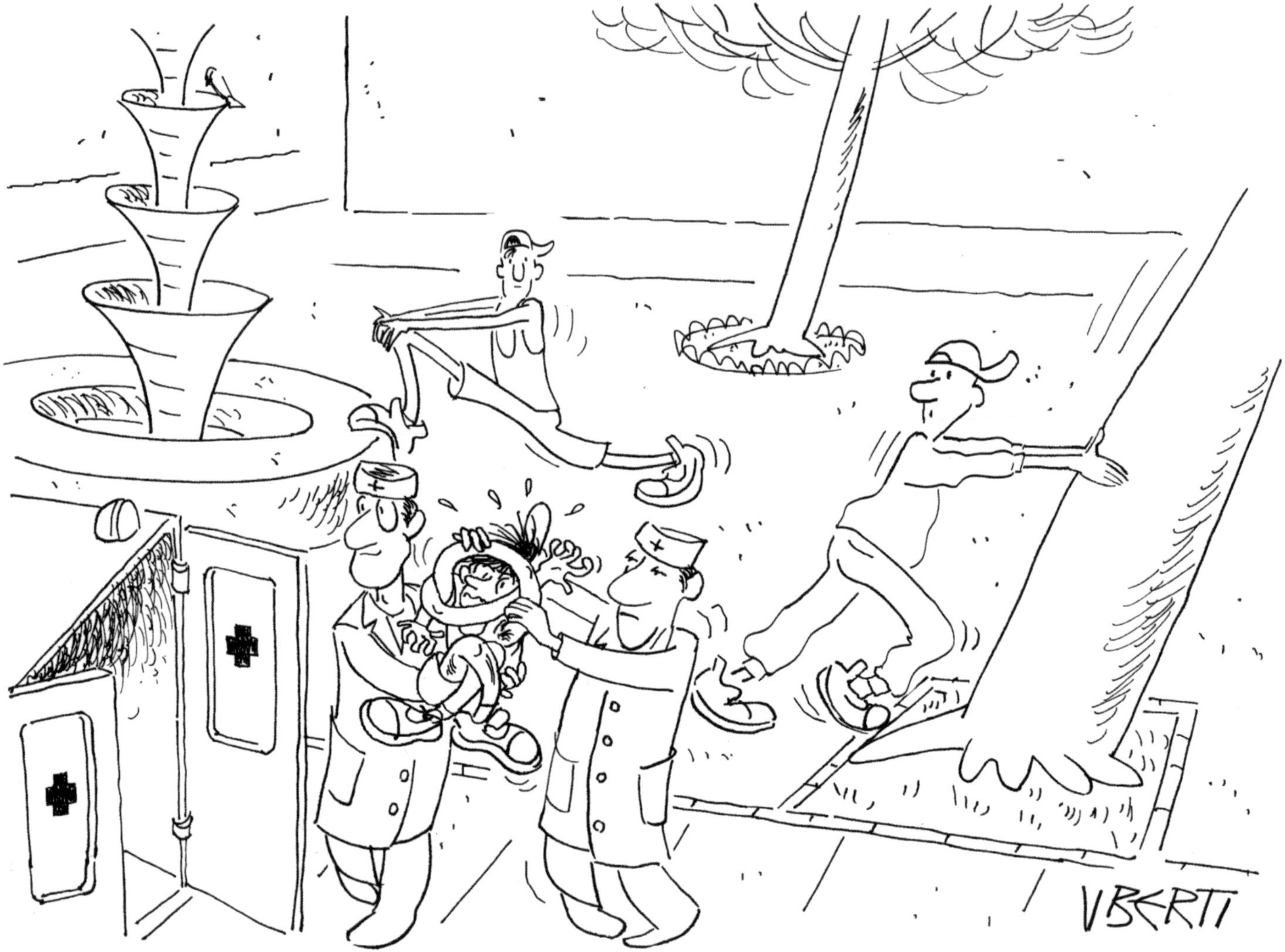
VBERTI

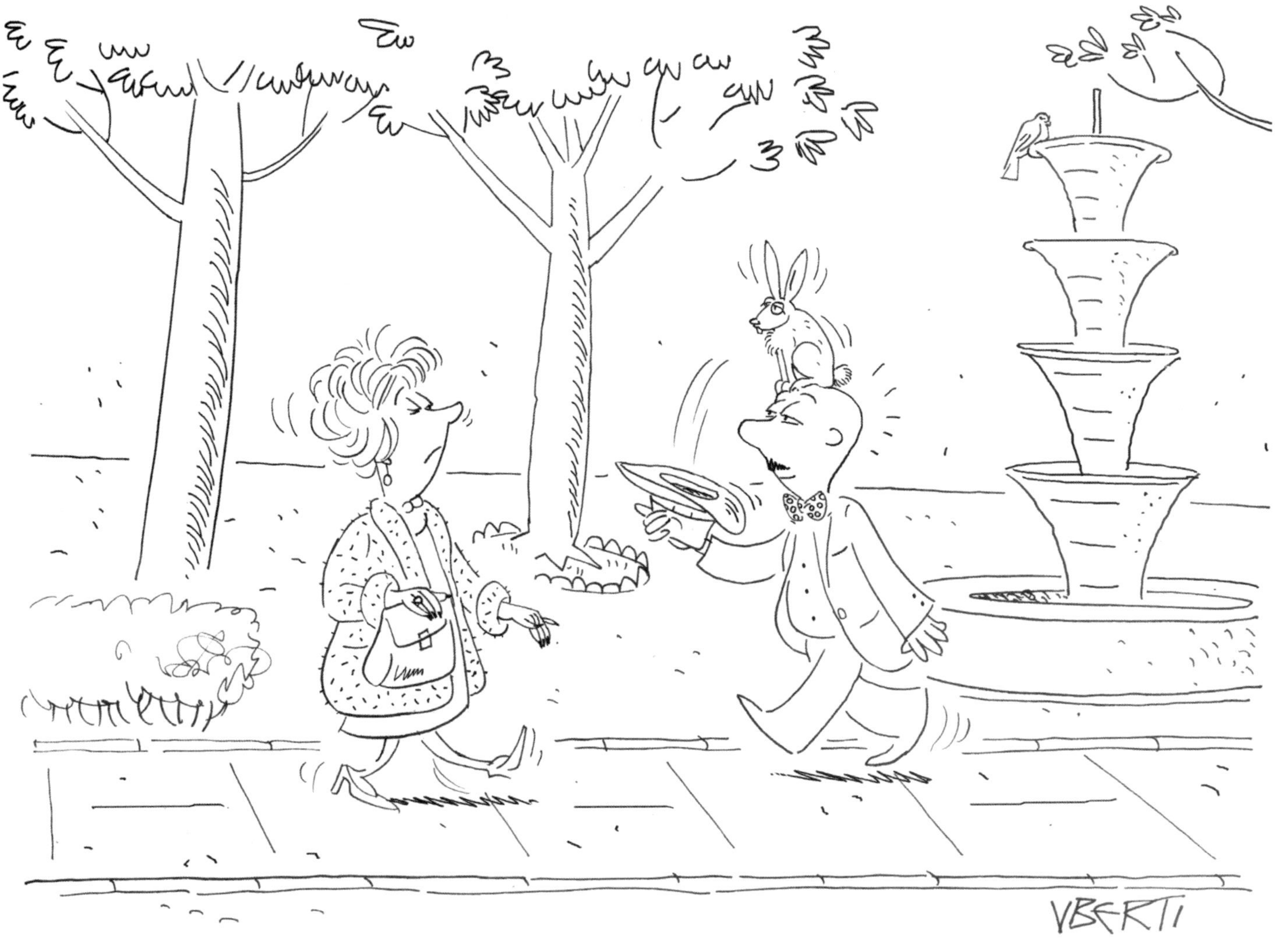
VBERTI

UBERTI

43

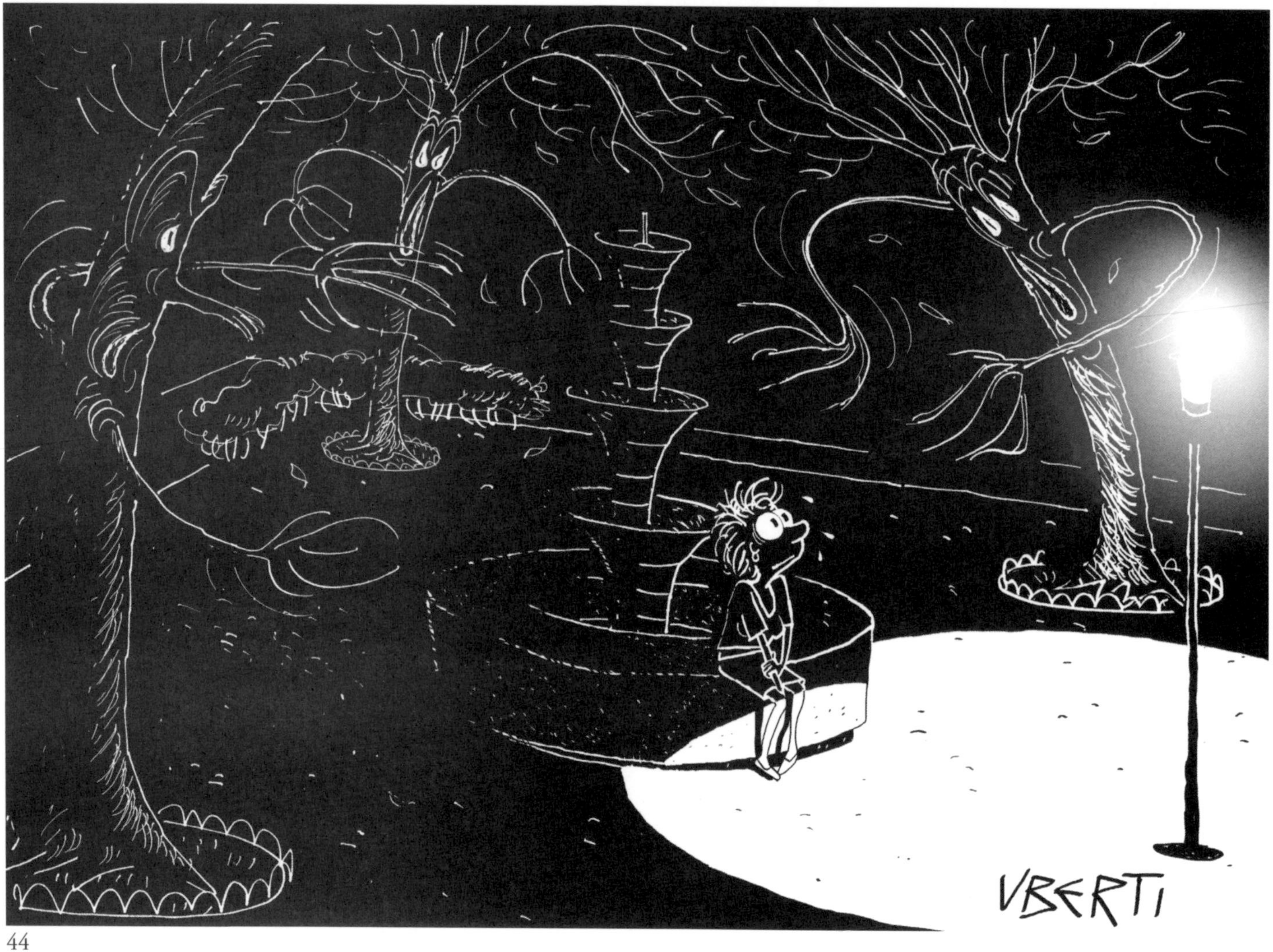
VBERTI

fedelhos & pentelhos

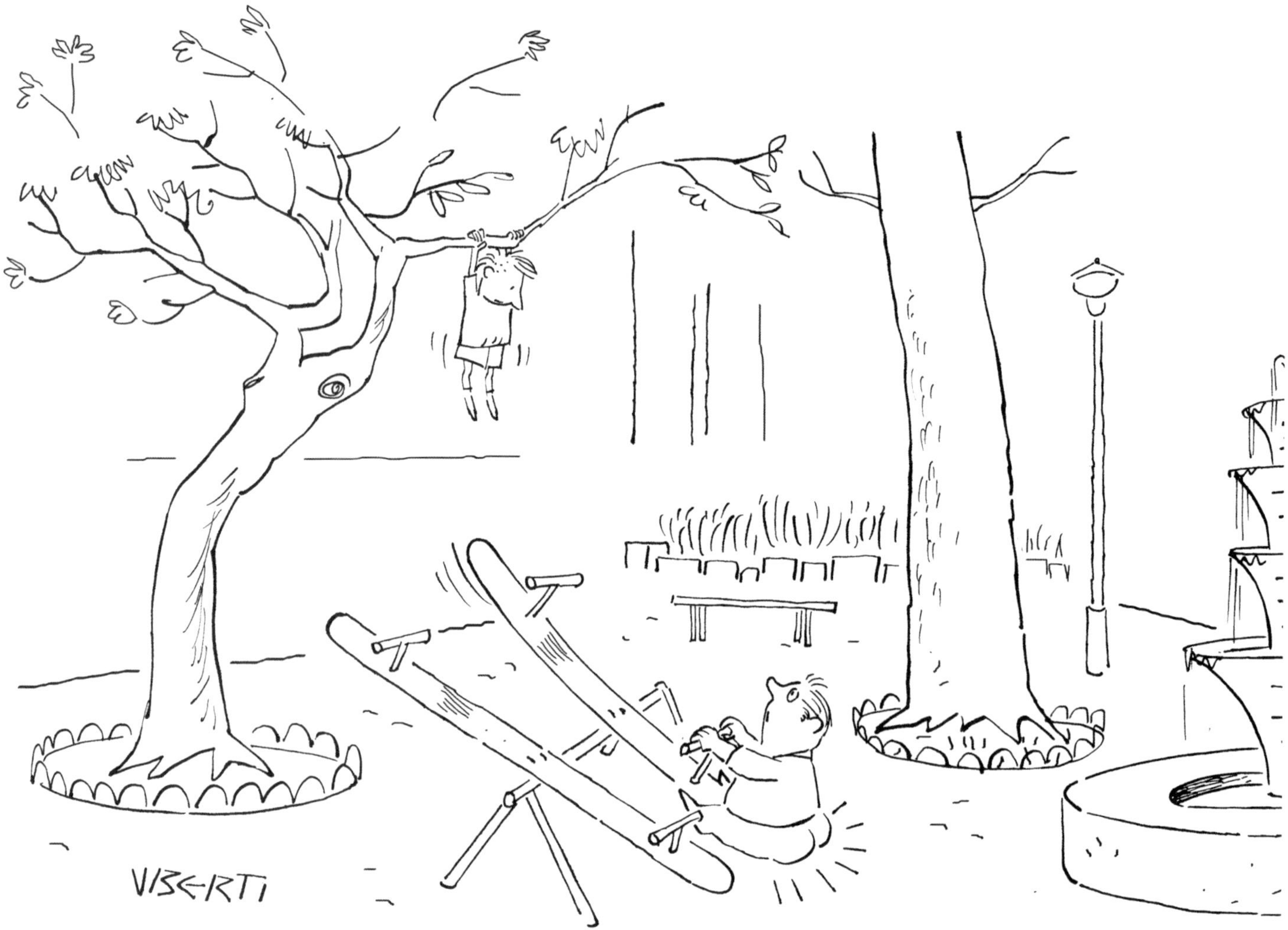
VIBERTI

PASSAGEM ESCOLAR

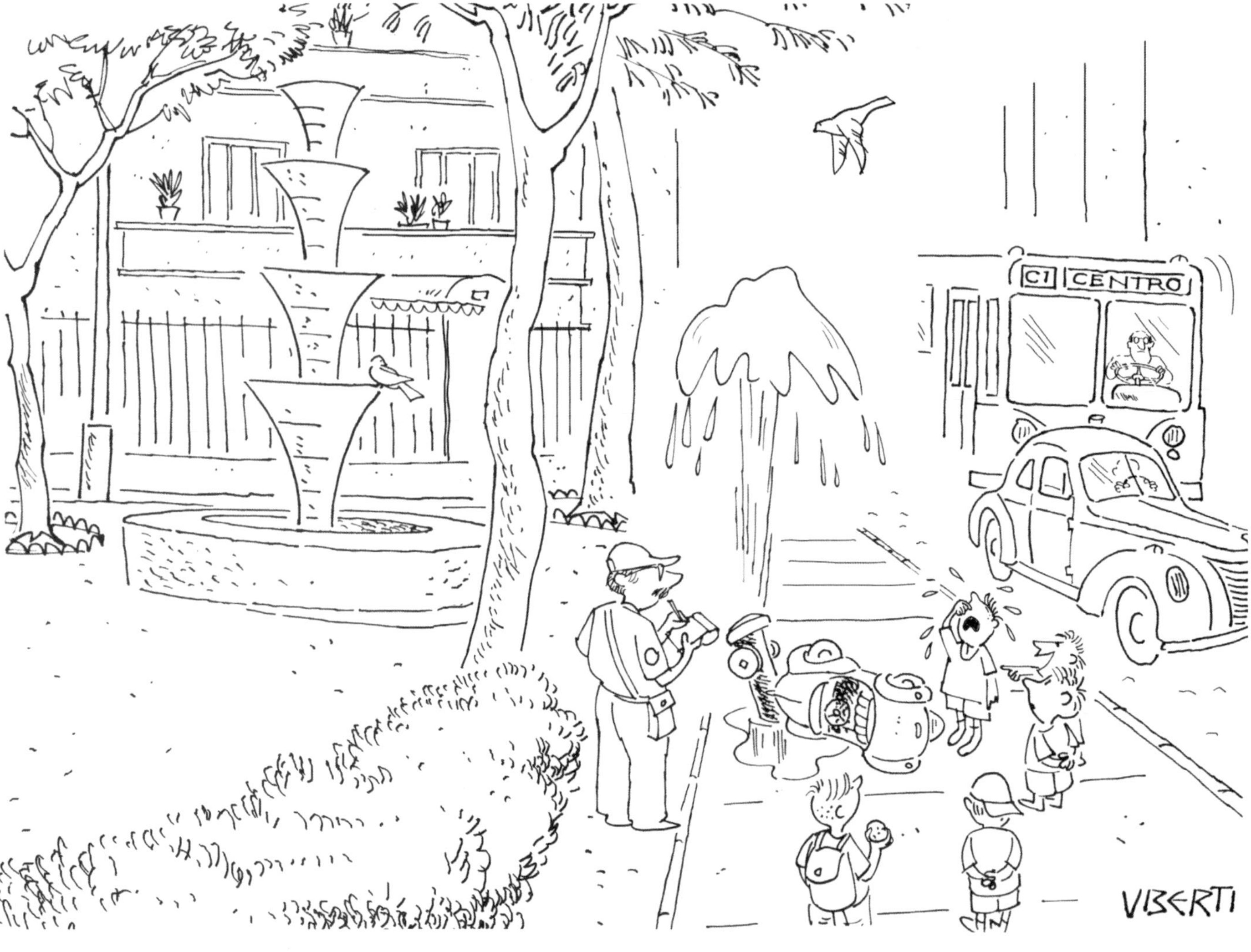
C1
CENTRO
VIBERTI

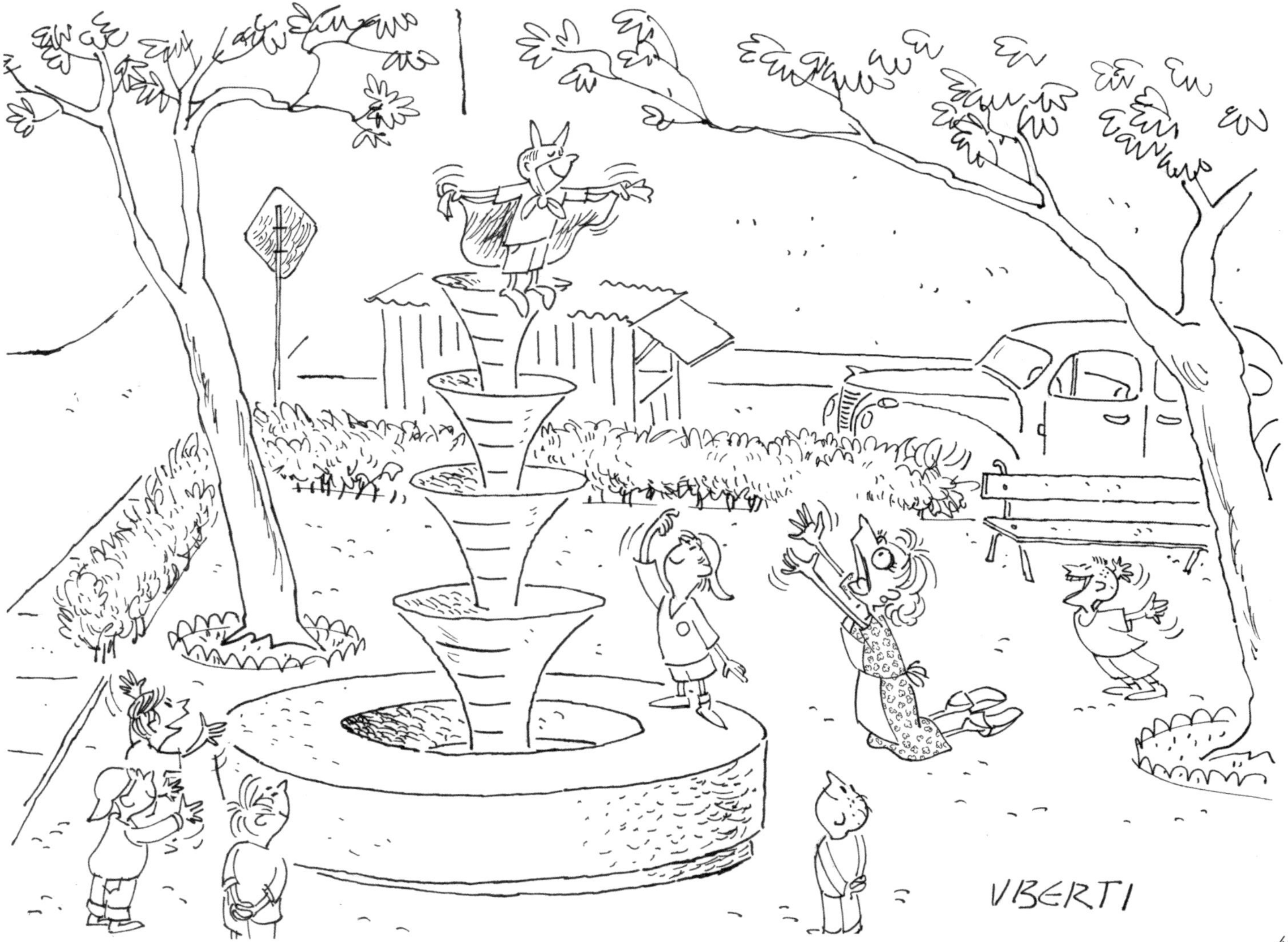
VBERTI

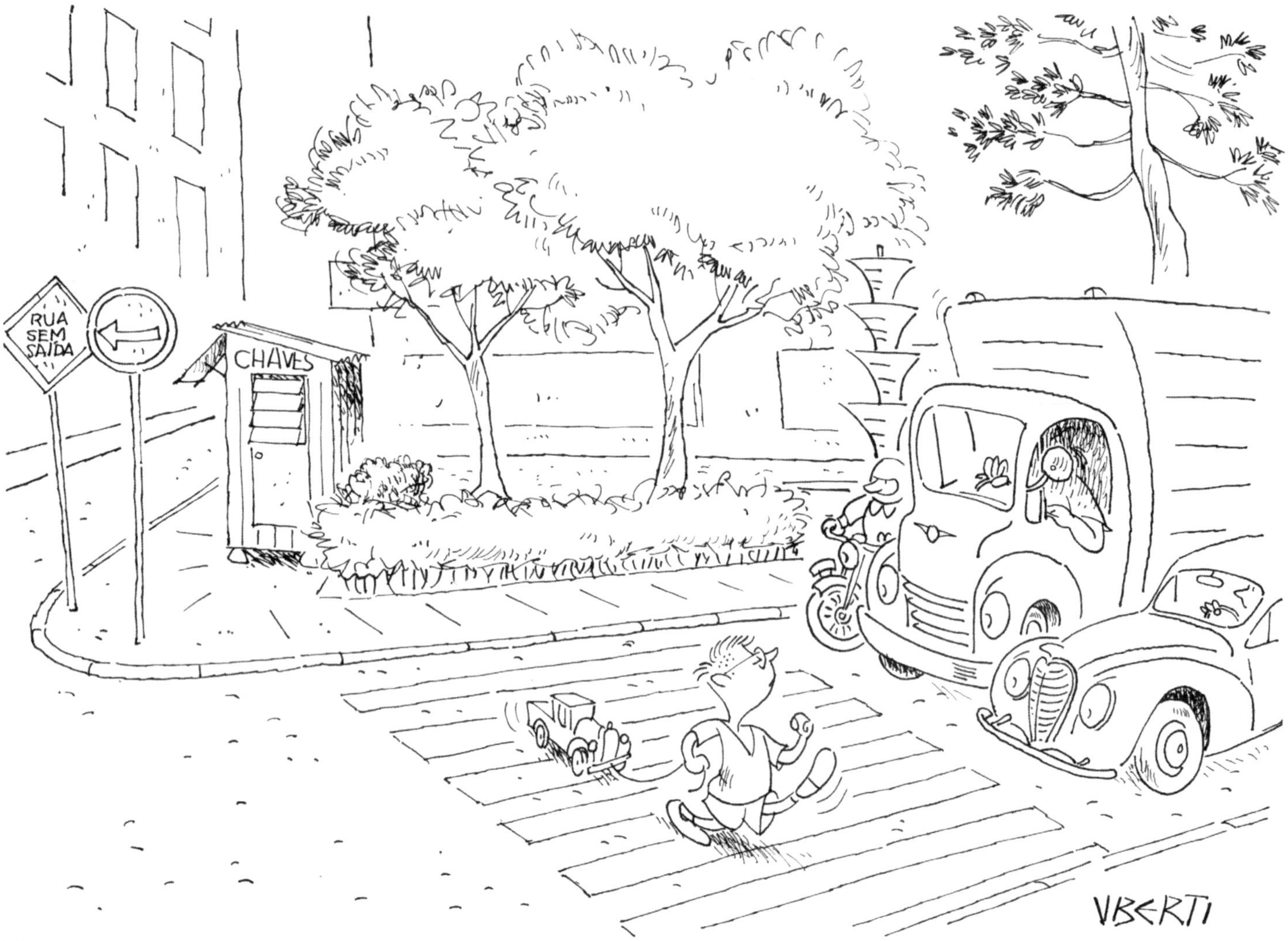
RUA
SEM
SAÍDA
CHAVES
VBERTI

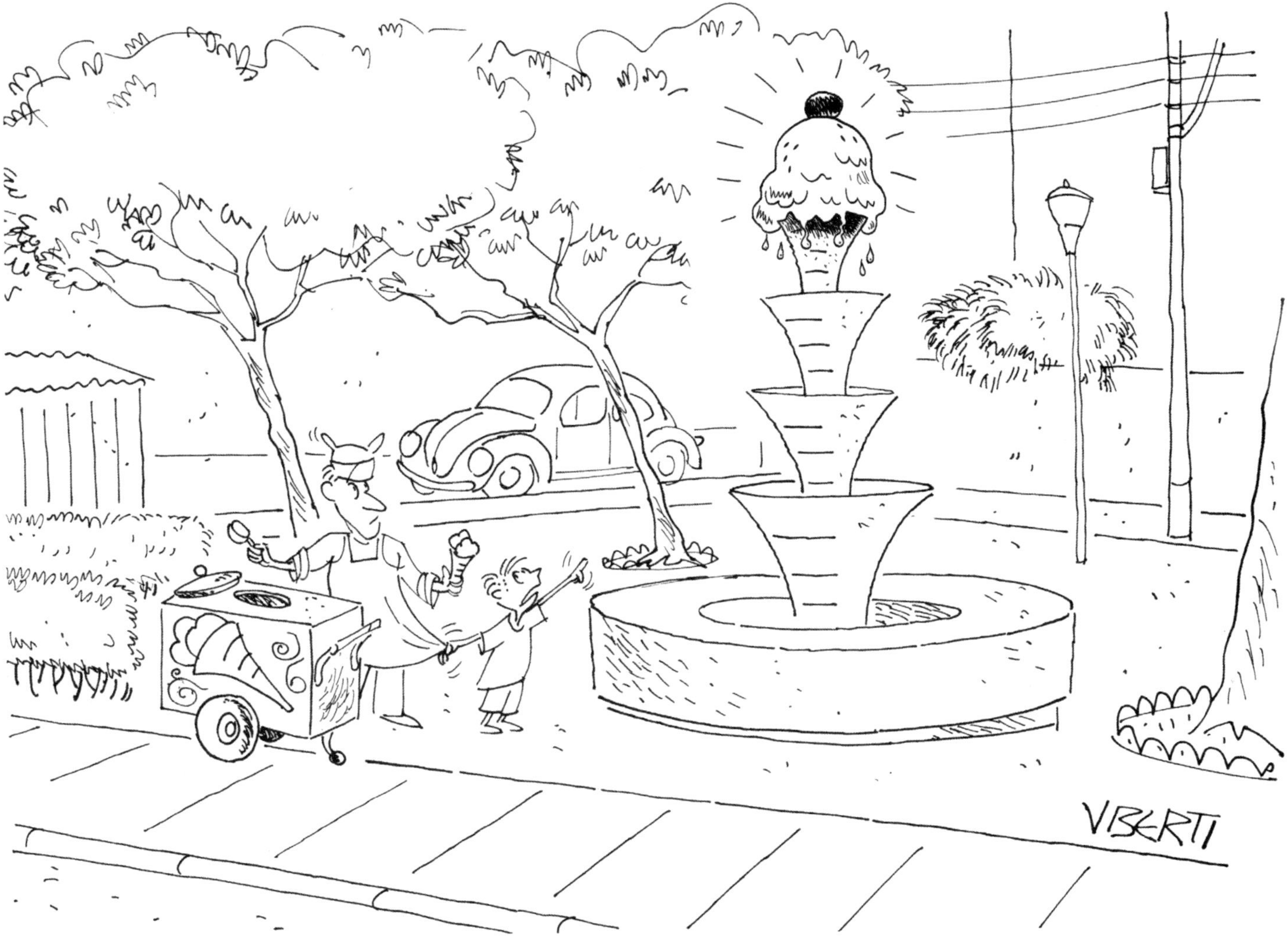
VIBERTI

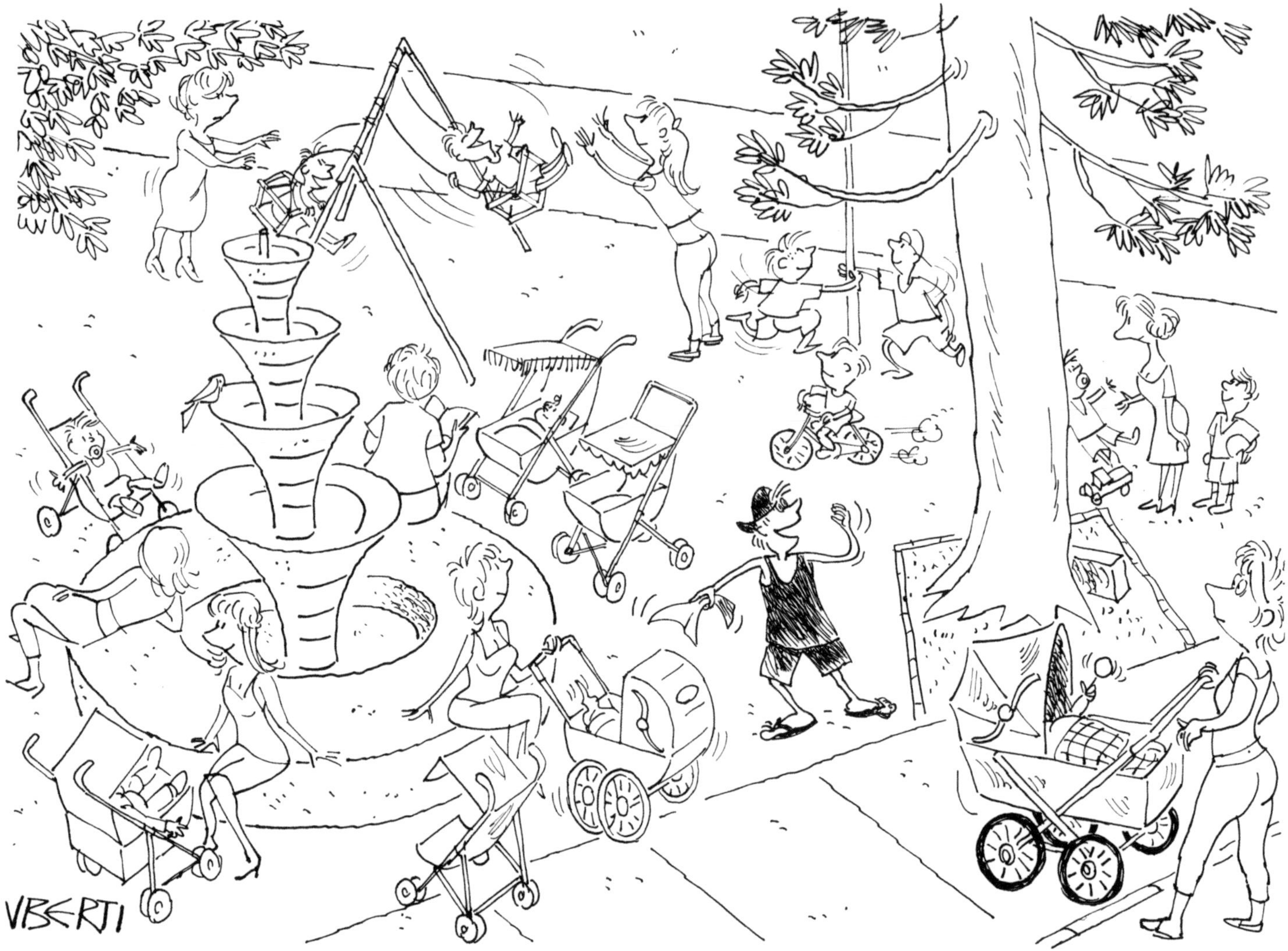
VBERTI

UBERTI

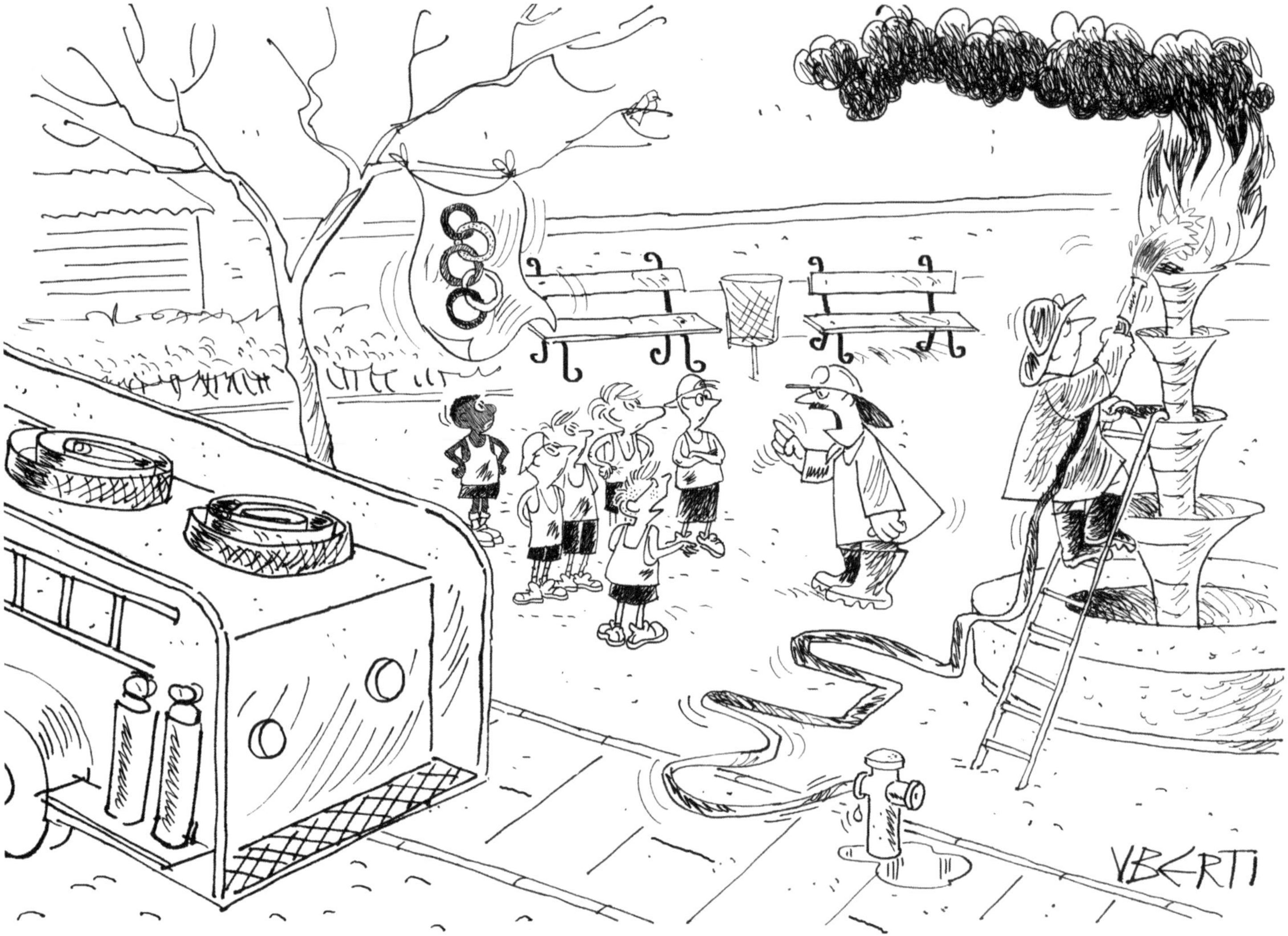
VBERTI

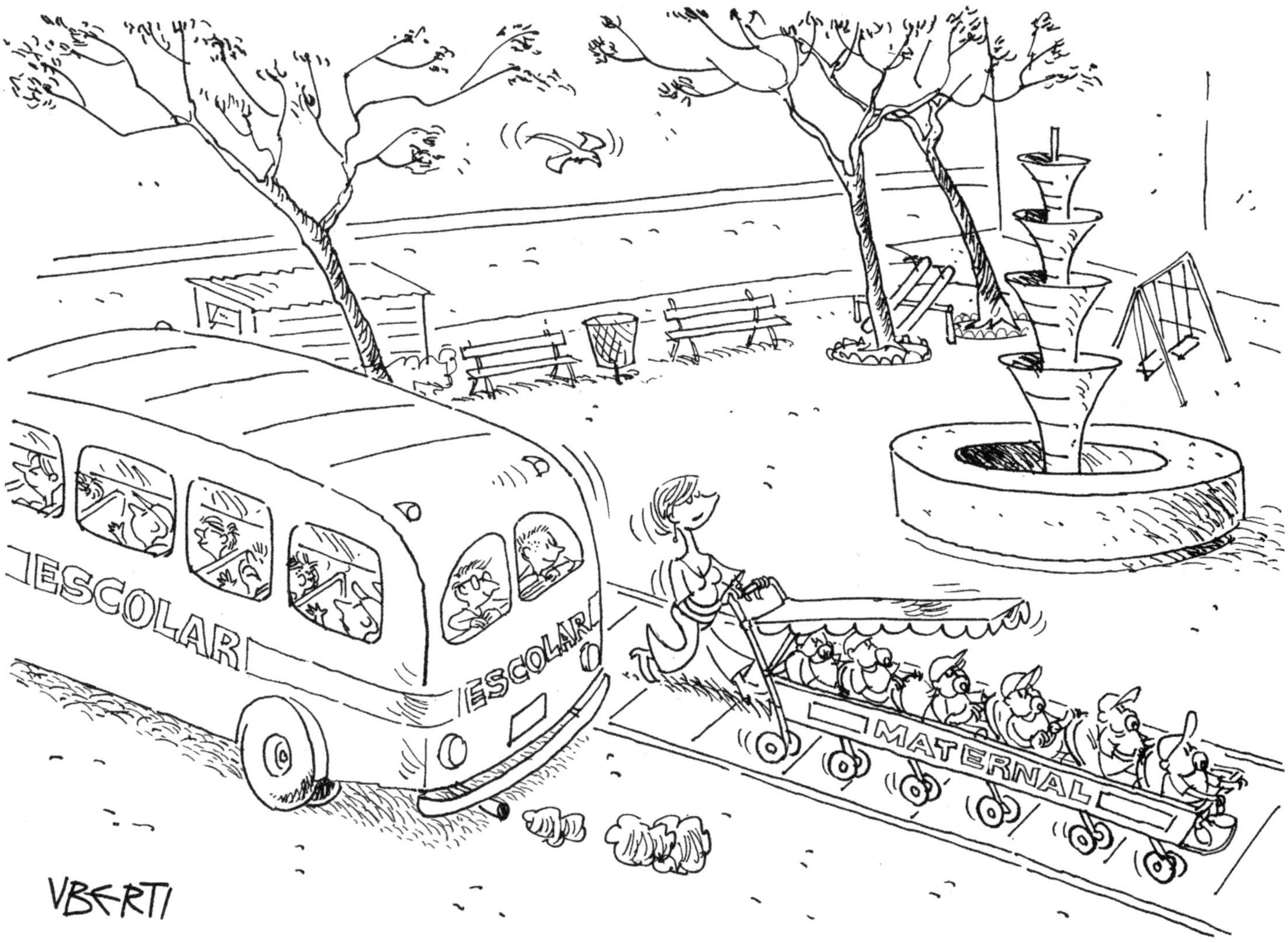

VBERTI

56

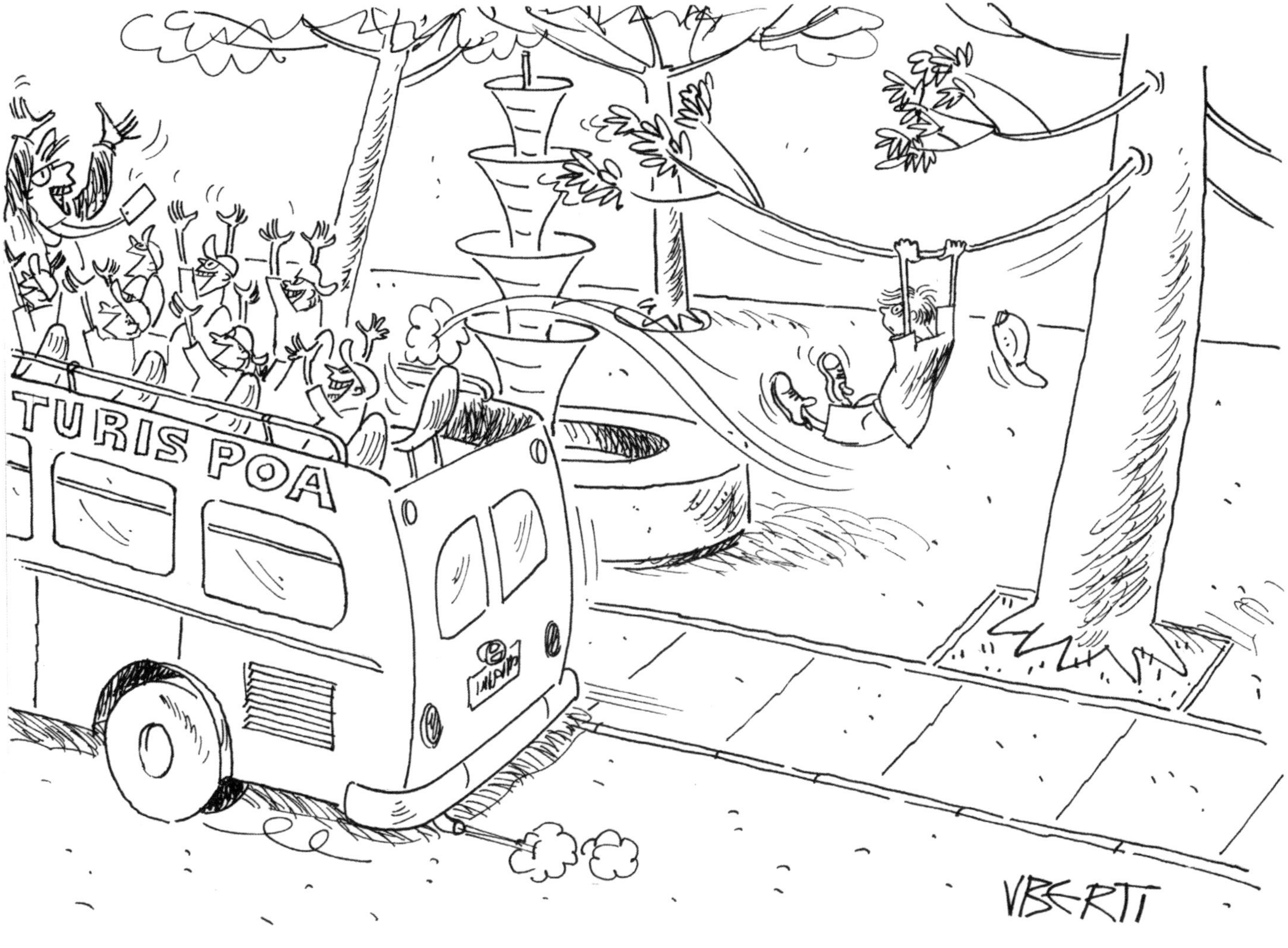
TURIS POA
VBERTI

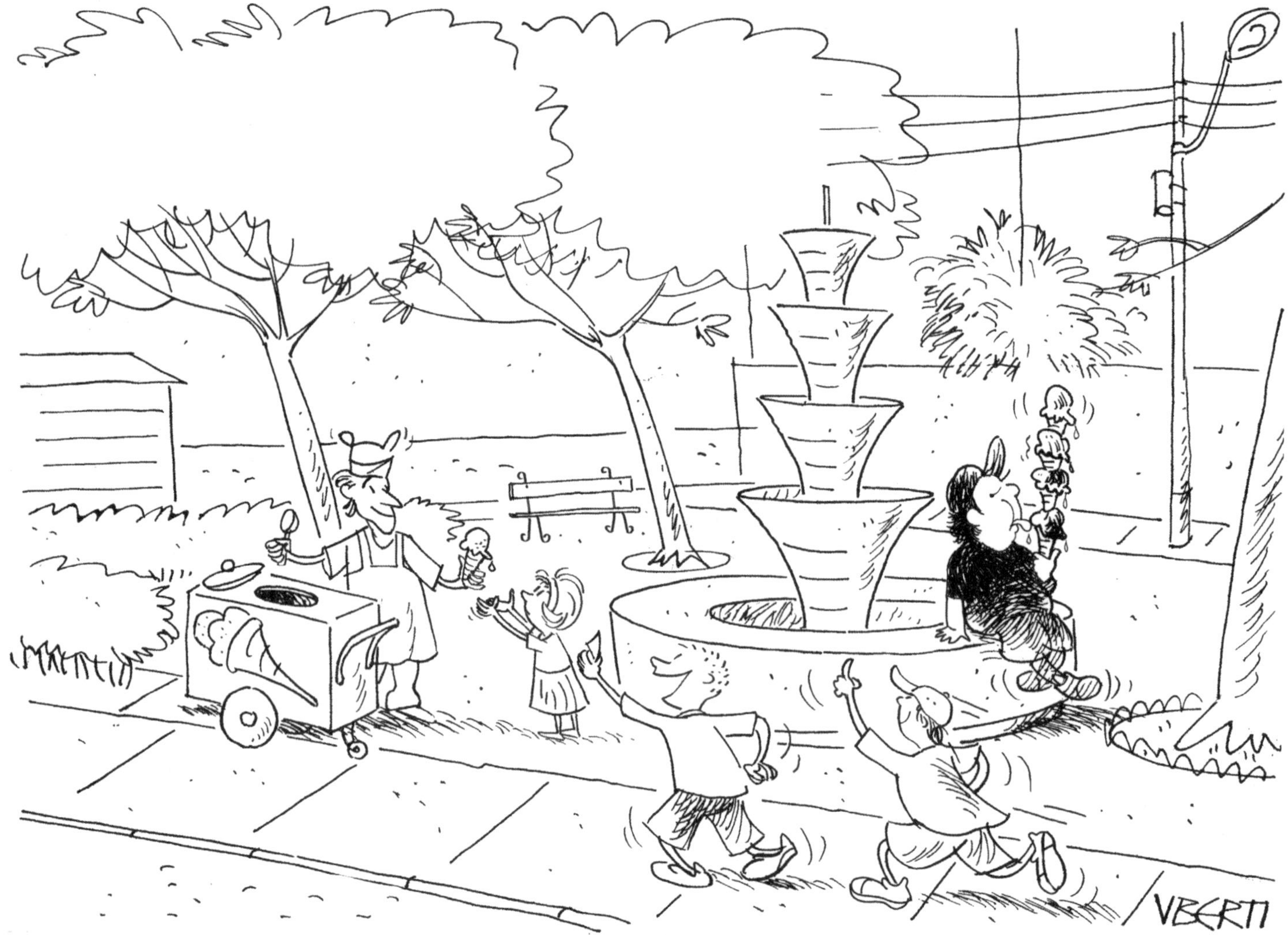
VBERTI

pets & cuscos

60

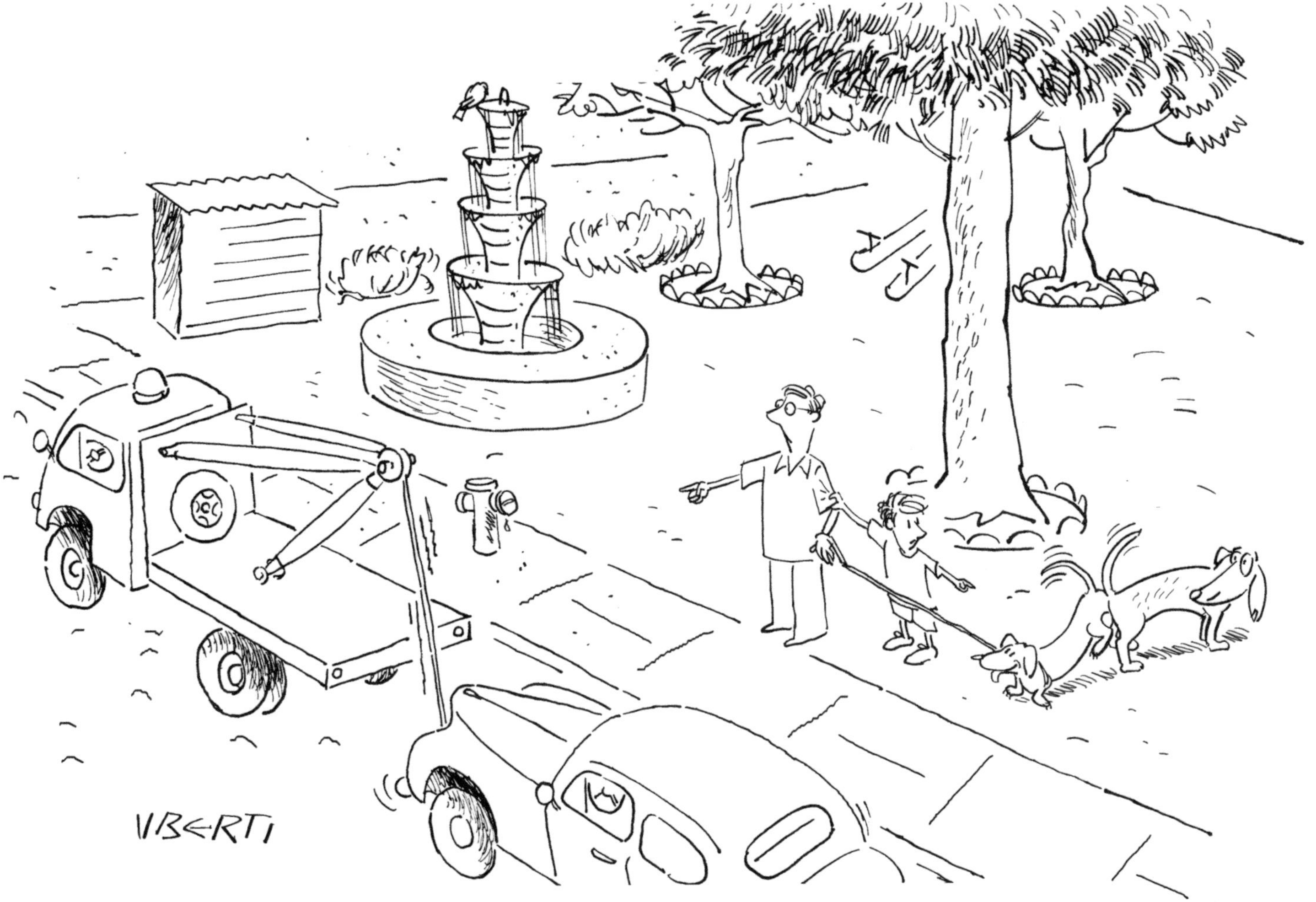
IBERTI

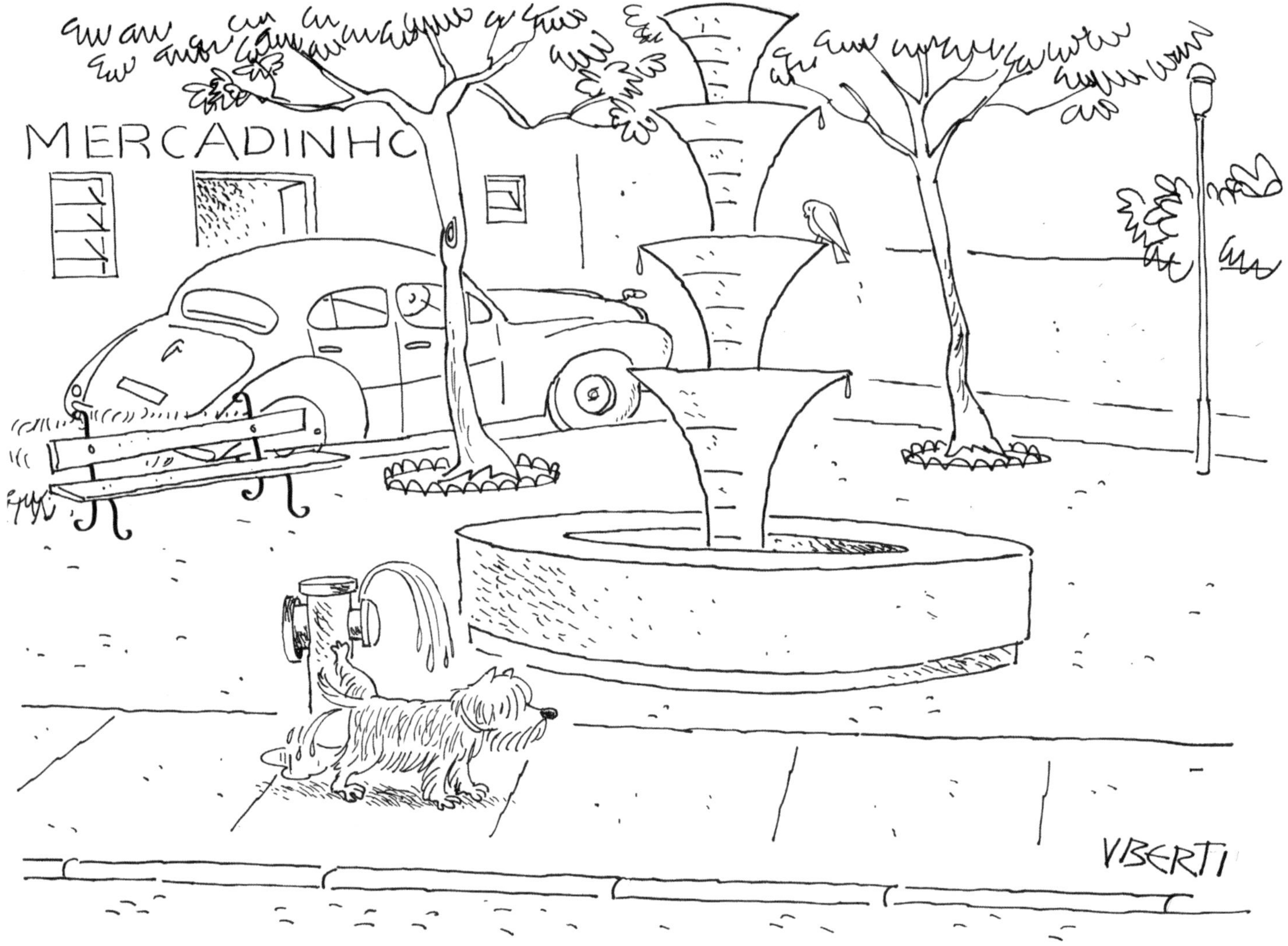
MERCADINHO
VBERTI

63

VBERTI

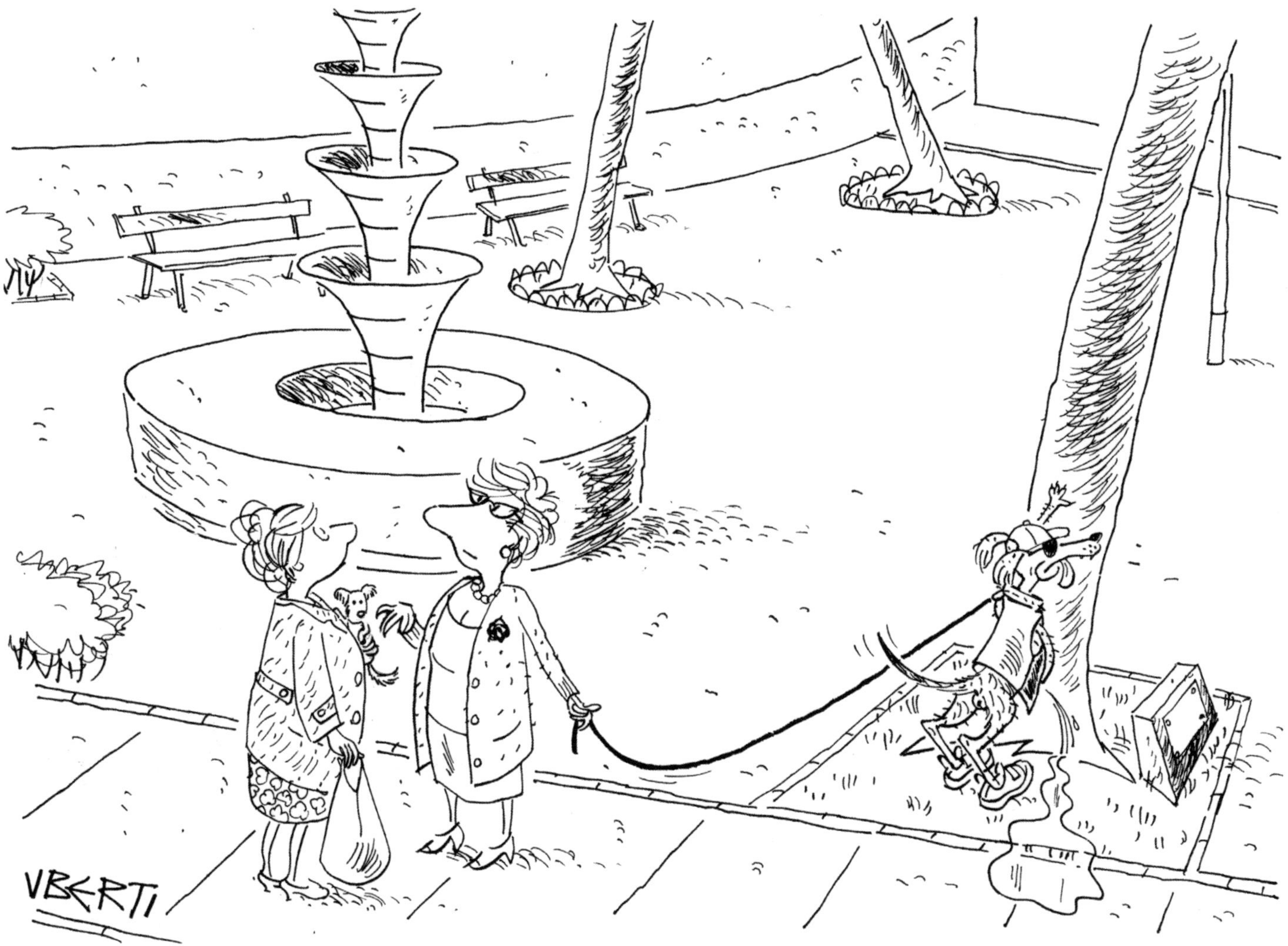
VBERTI

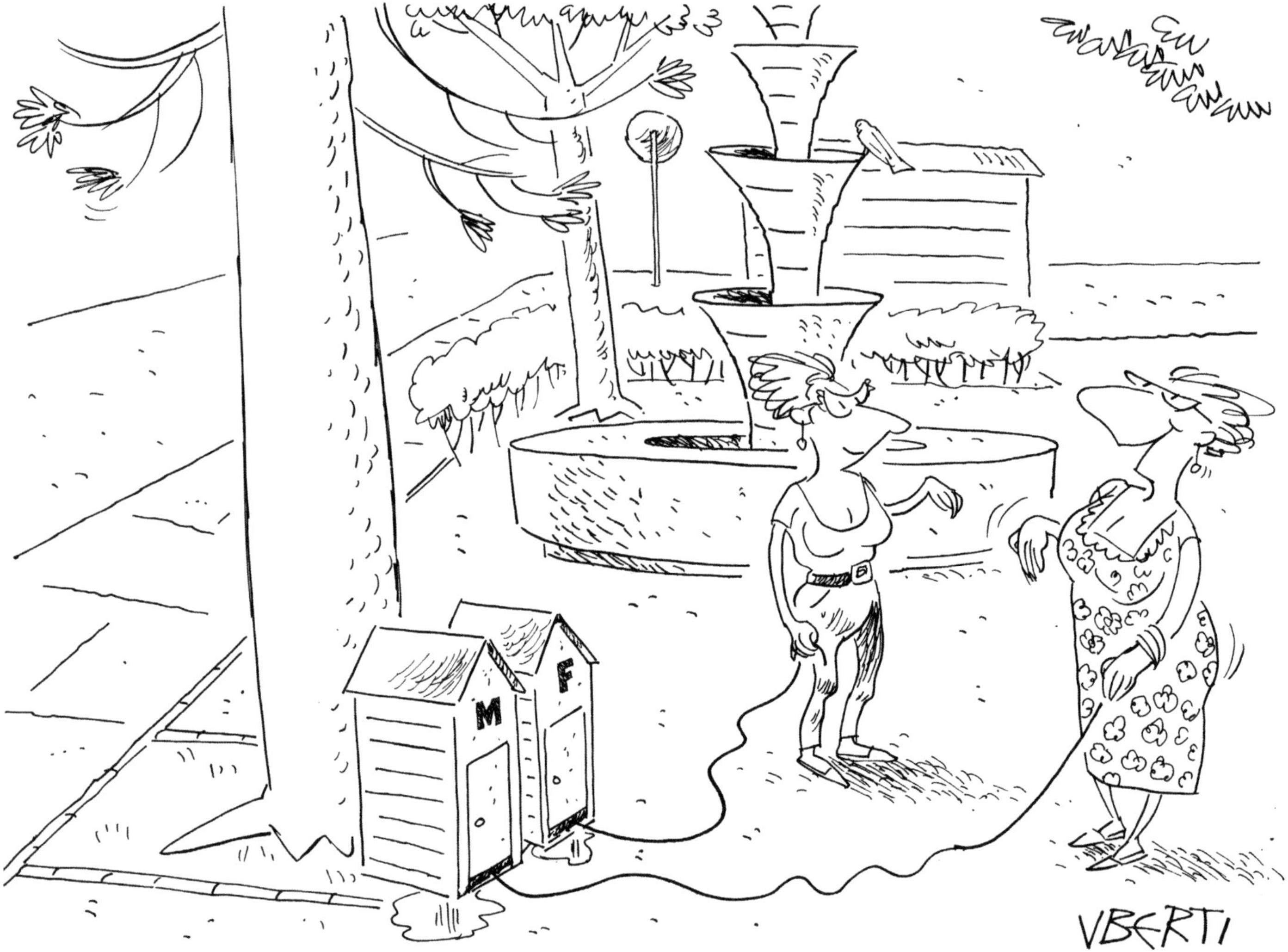
M
F
VBERTI

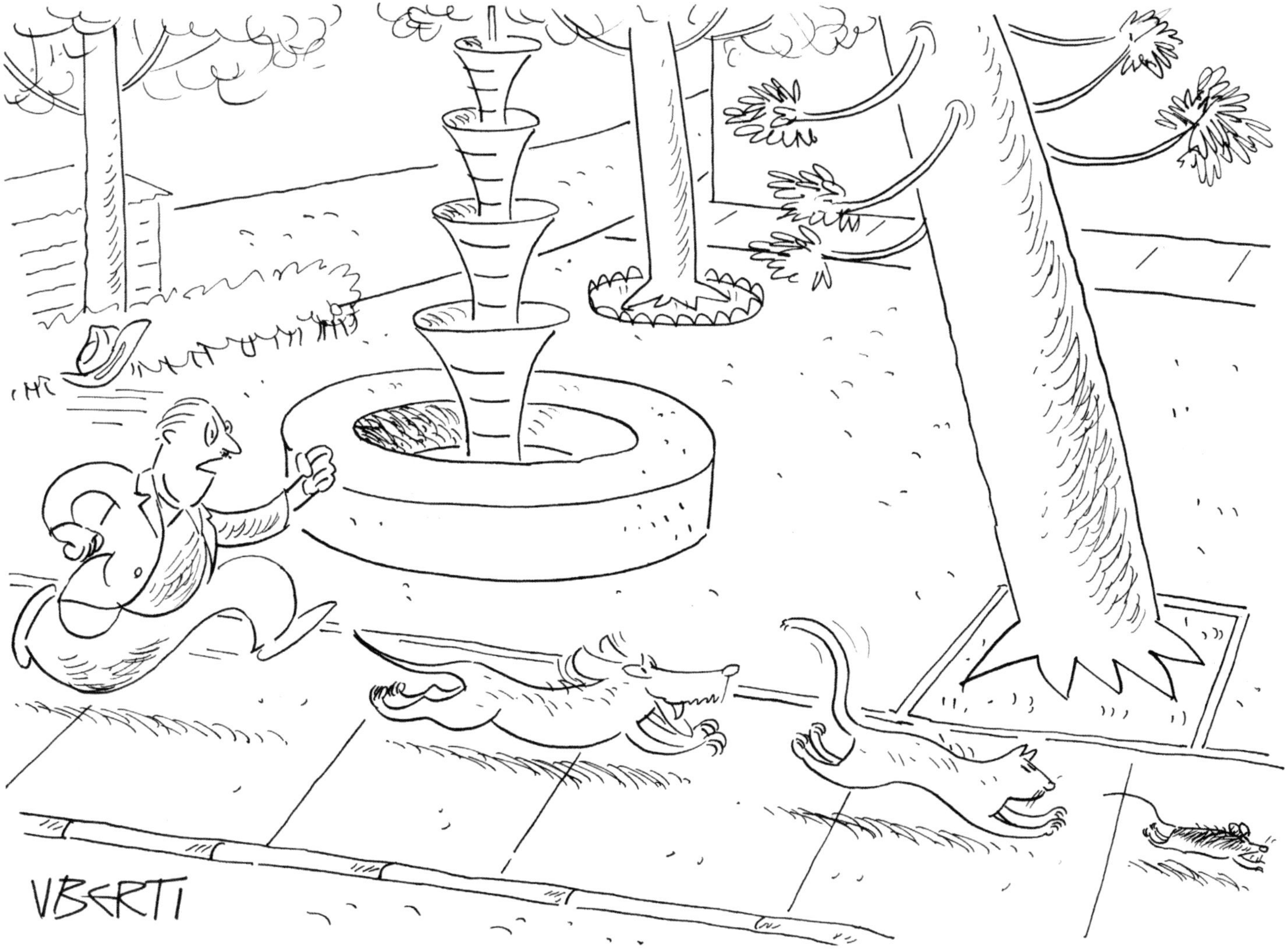
VBERTI

Meu filho David passeando com Biba

UBERTI

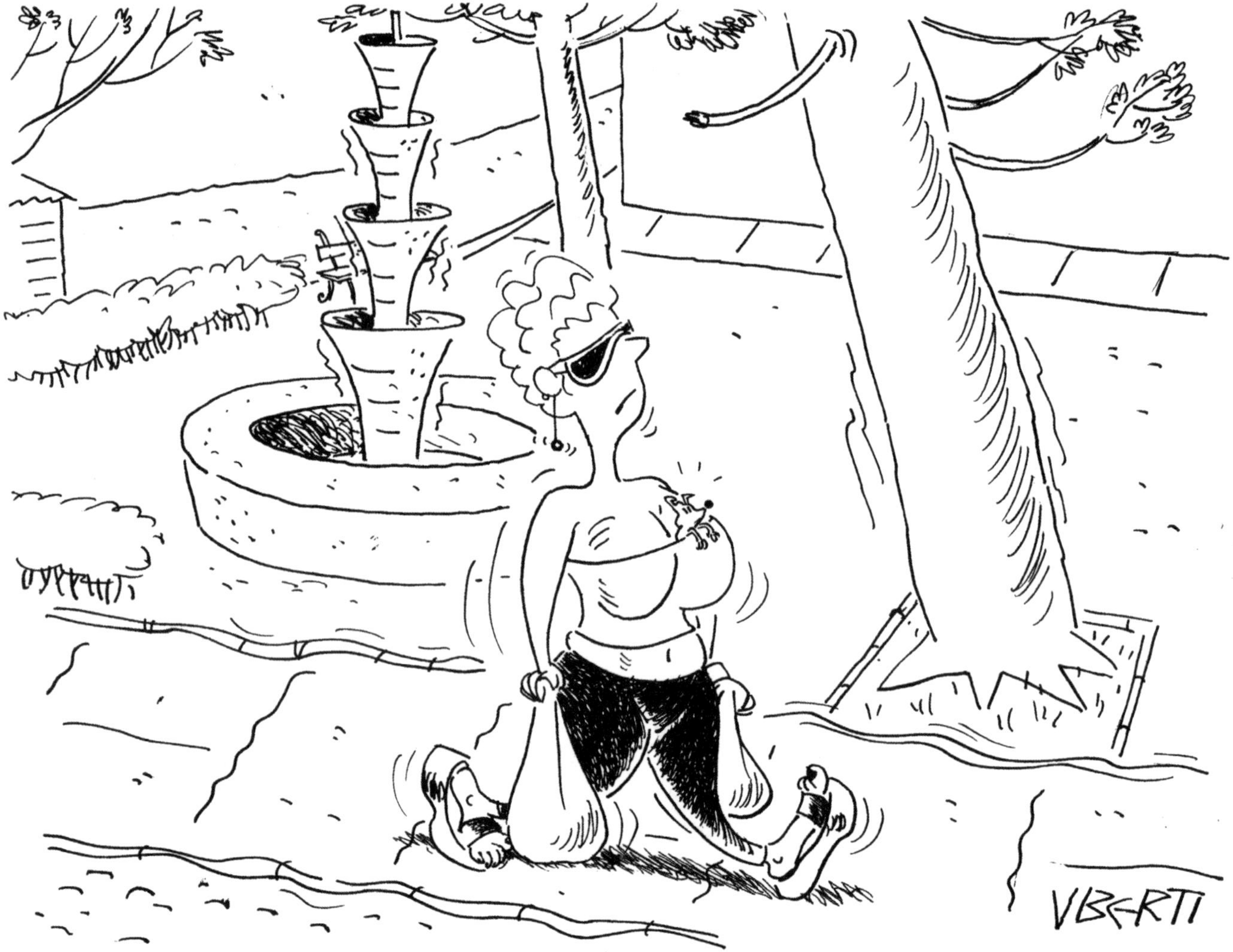
VBERTI

tempos & ventos

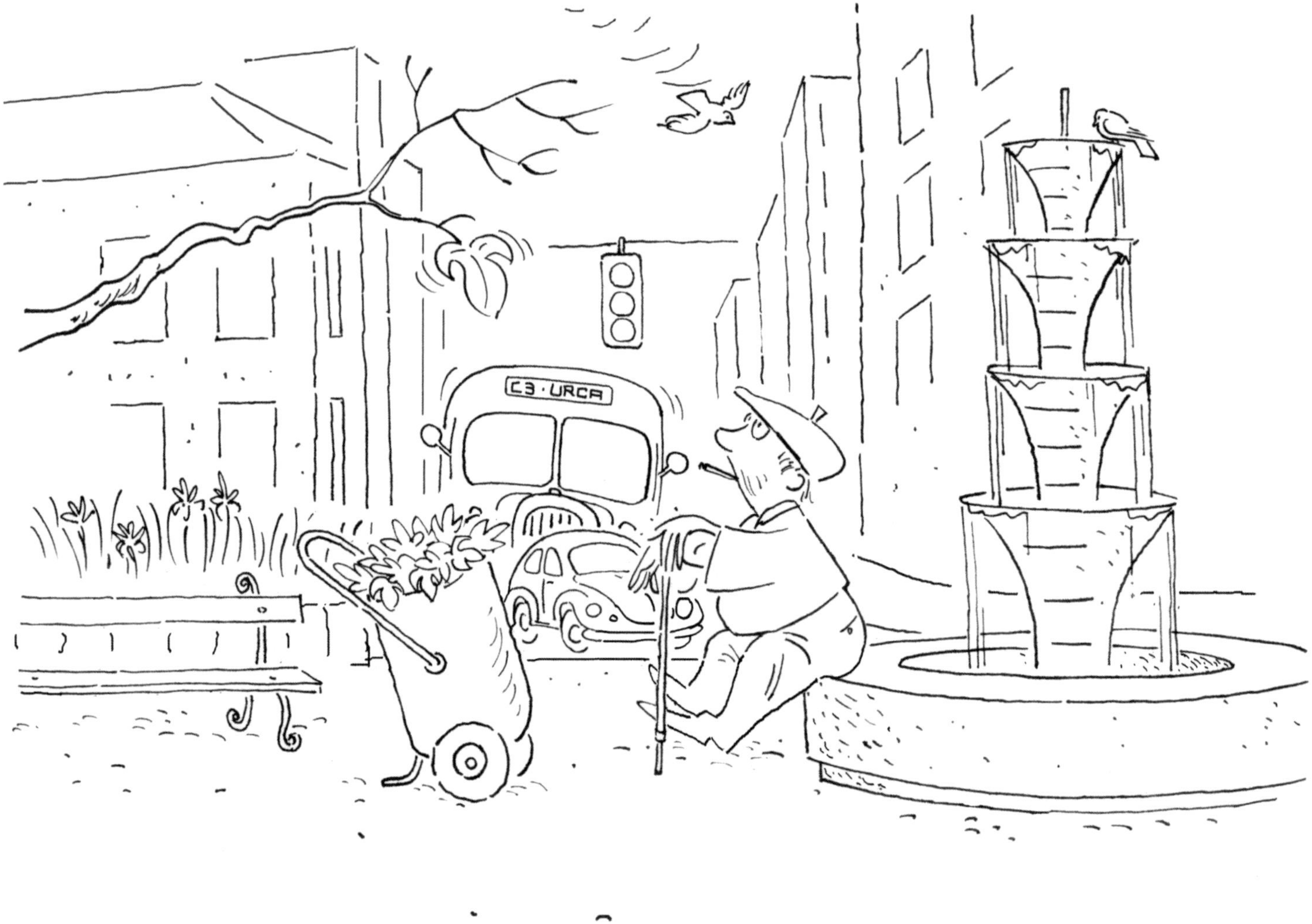
C3 · URCA

Ah! A Primavera!

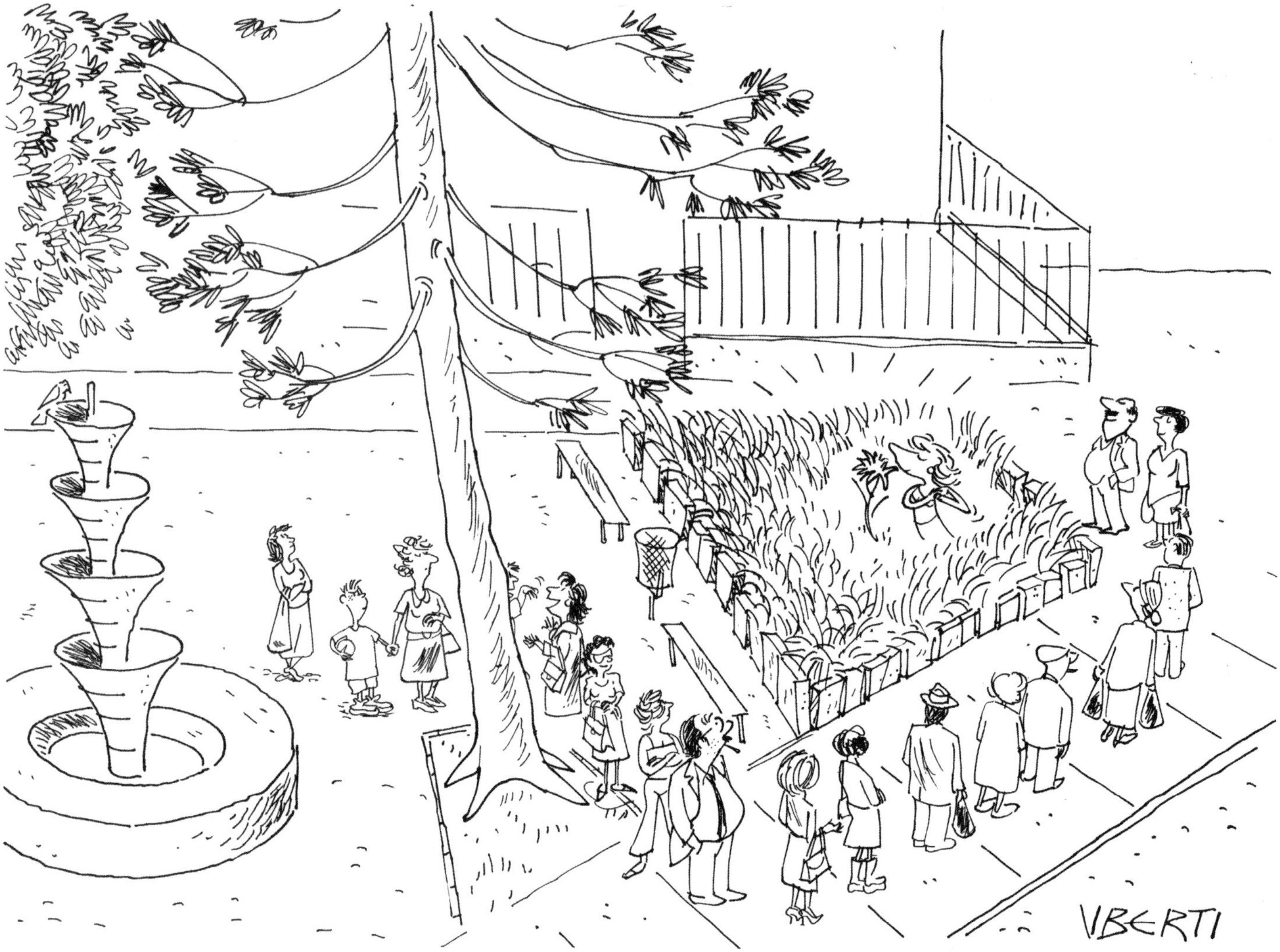
VBERTI

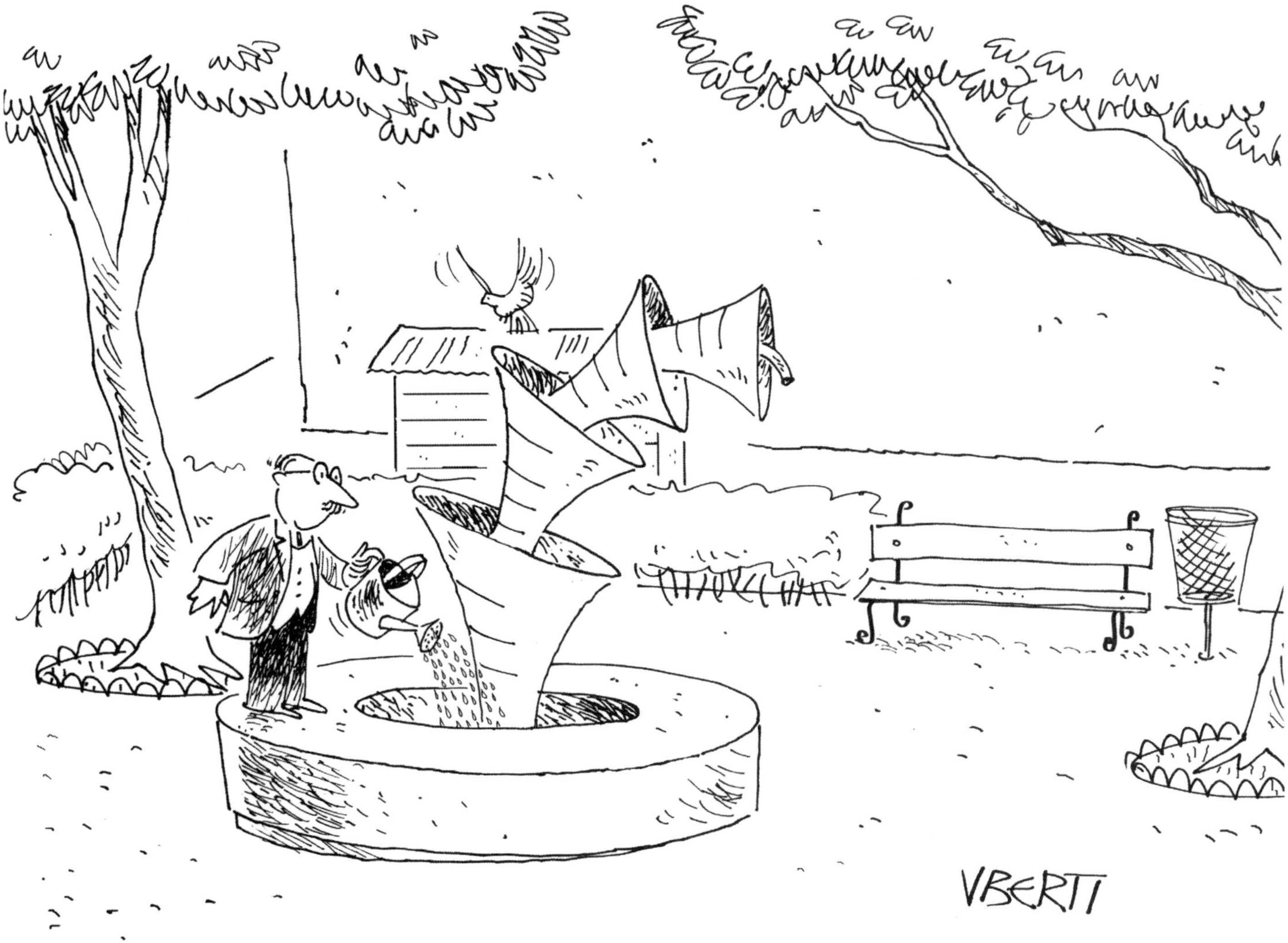
VBERTI

UBERTI

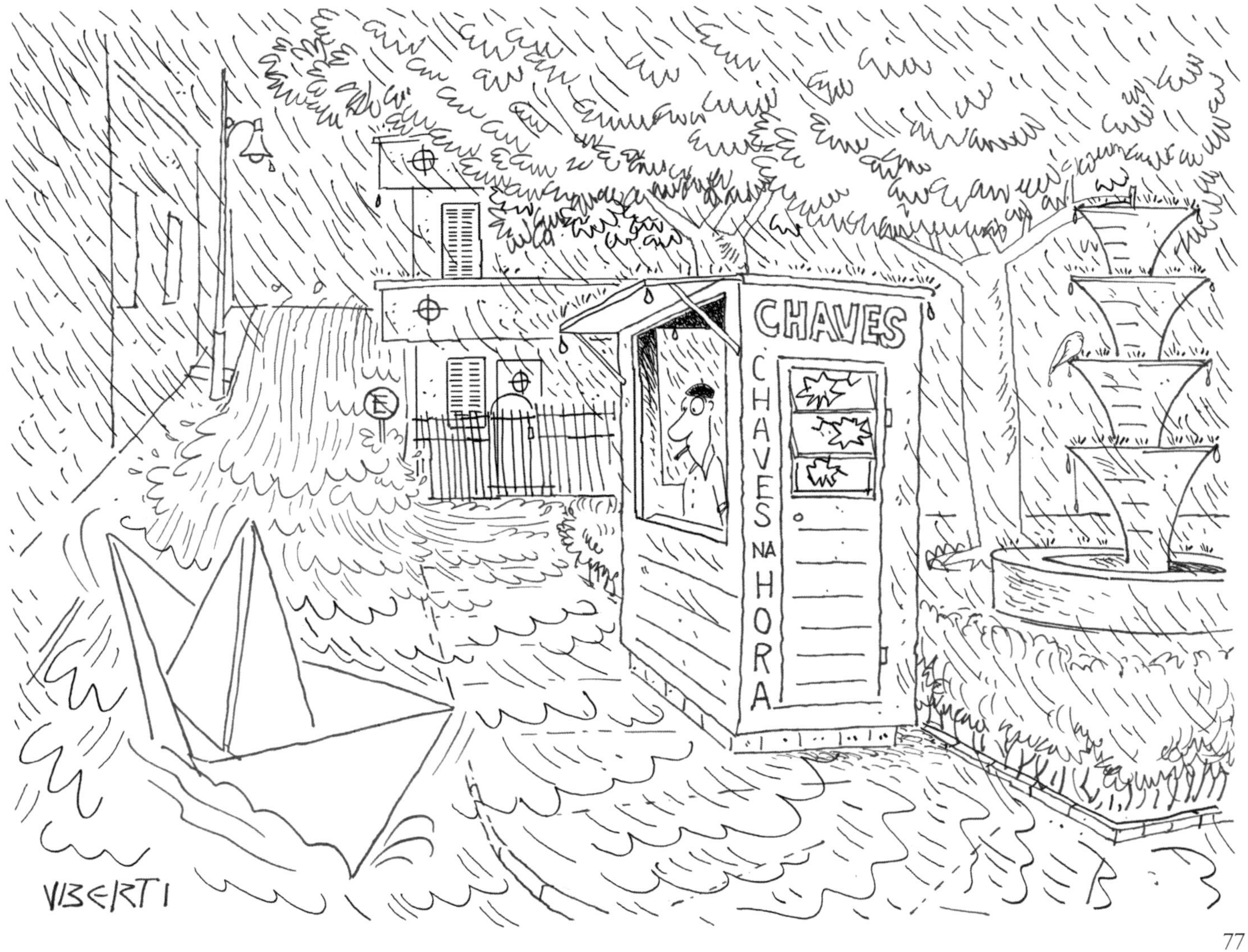
CHAVES
CHAVES NA HORA
VBERTI

UBERTI & CANINI

bebuns & bebedeiras

VBERTI

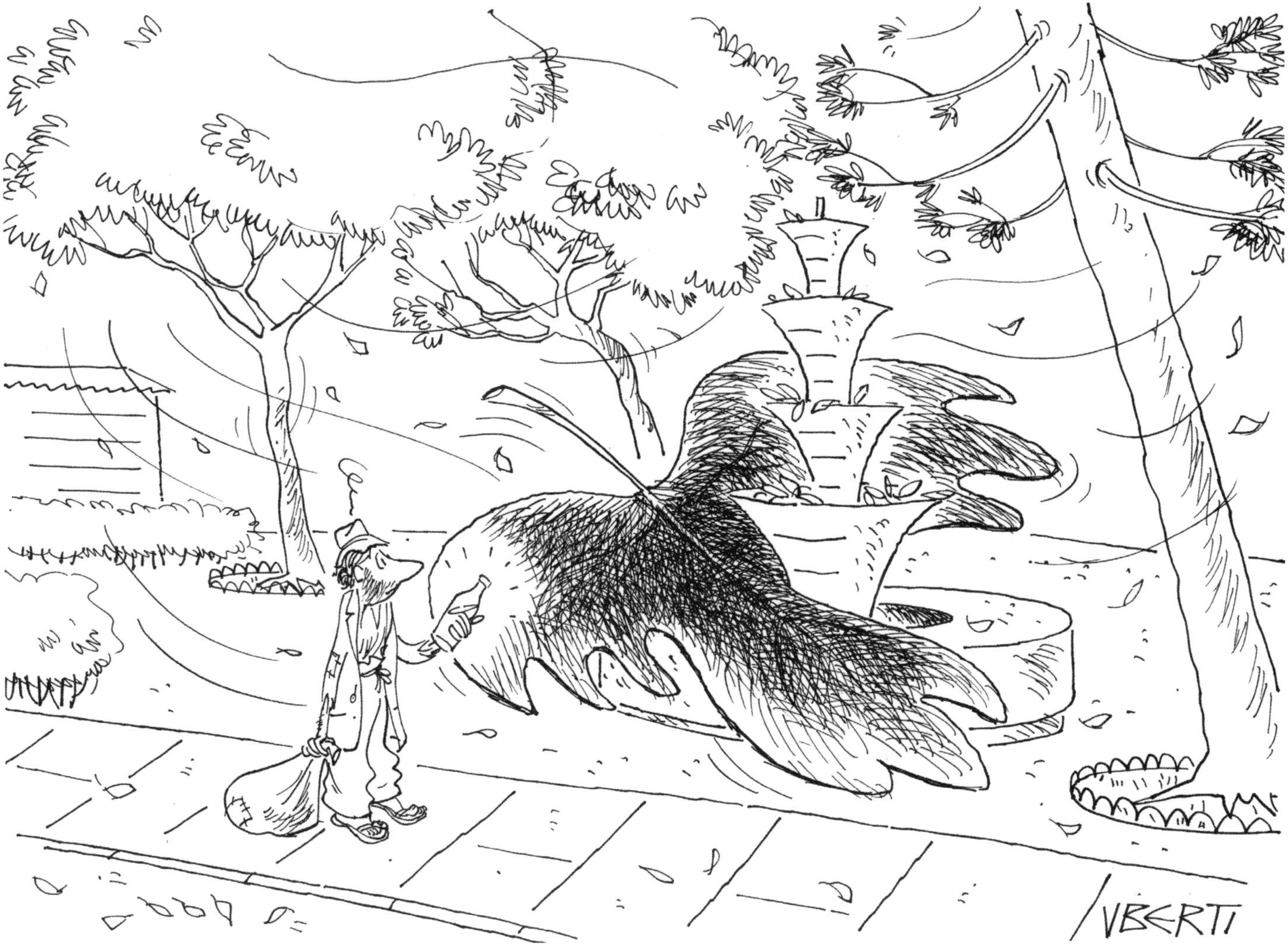
VBERTI

VBERTI

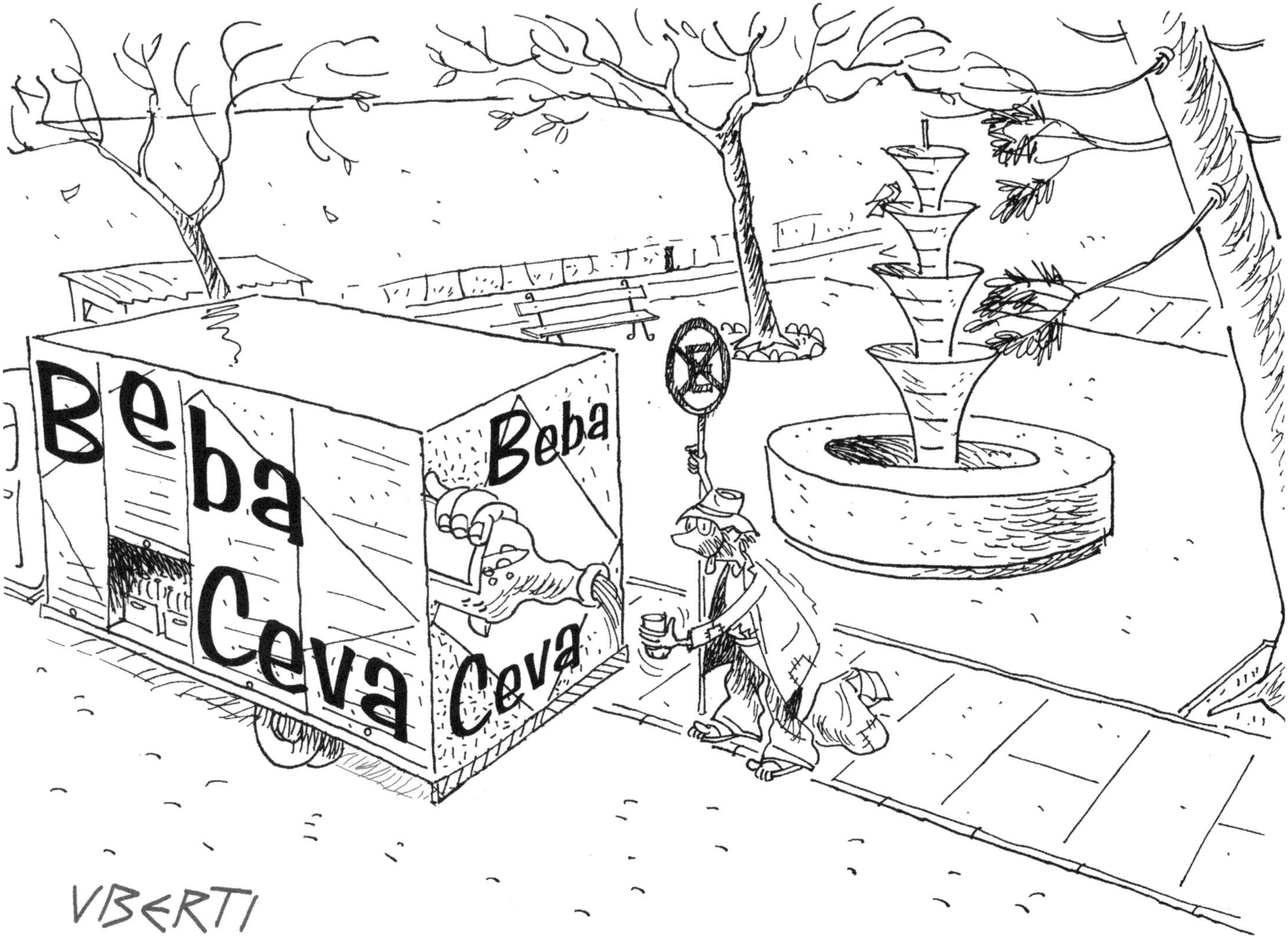
Beba
Ceva
Beba
Ceva
VBERTI

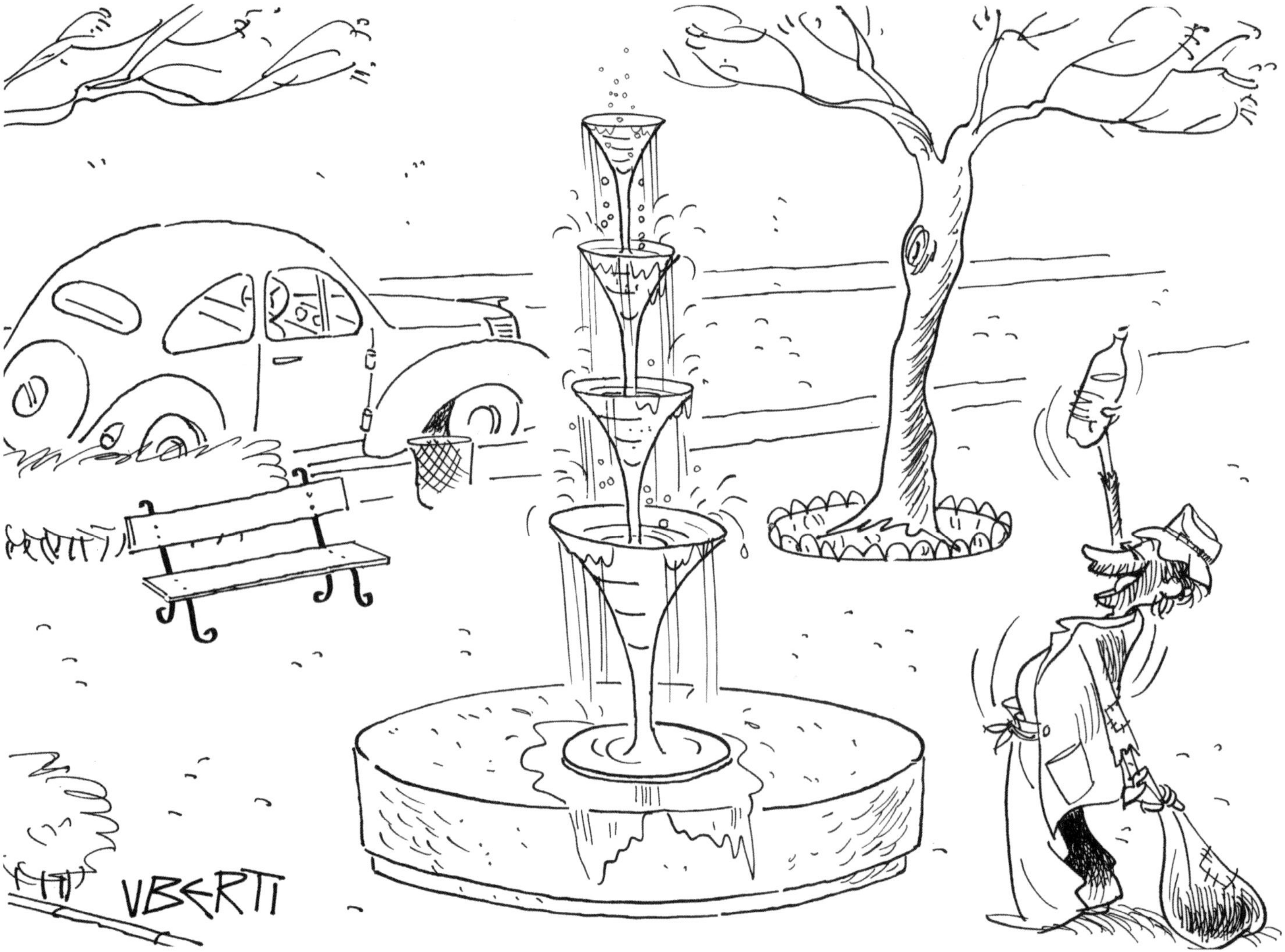
VBERTI

VBERTI

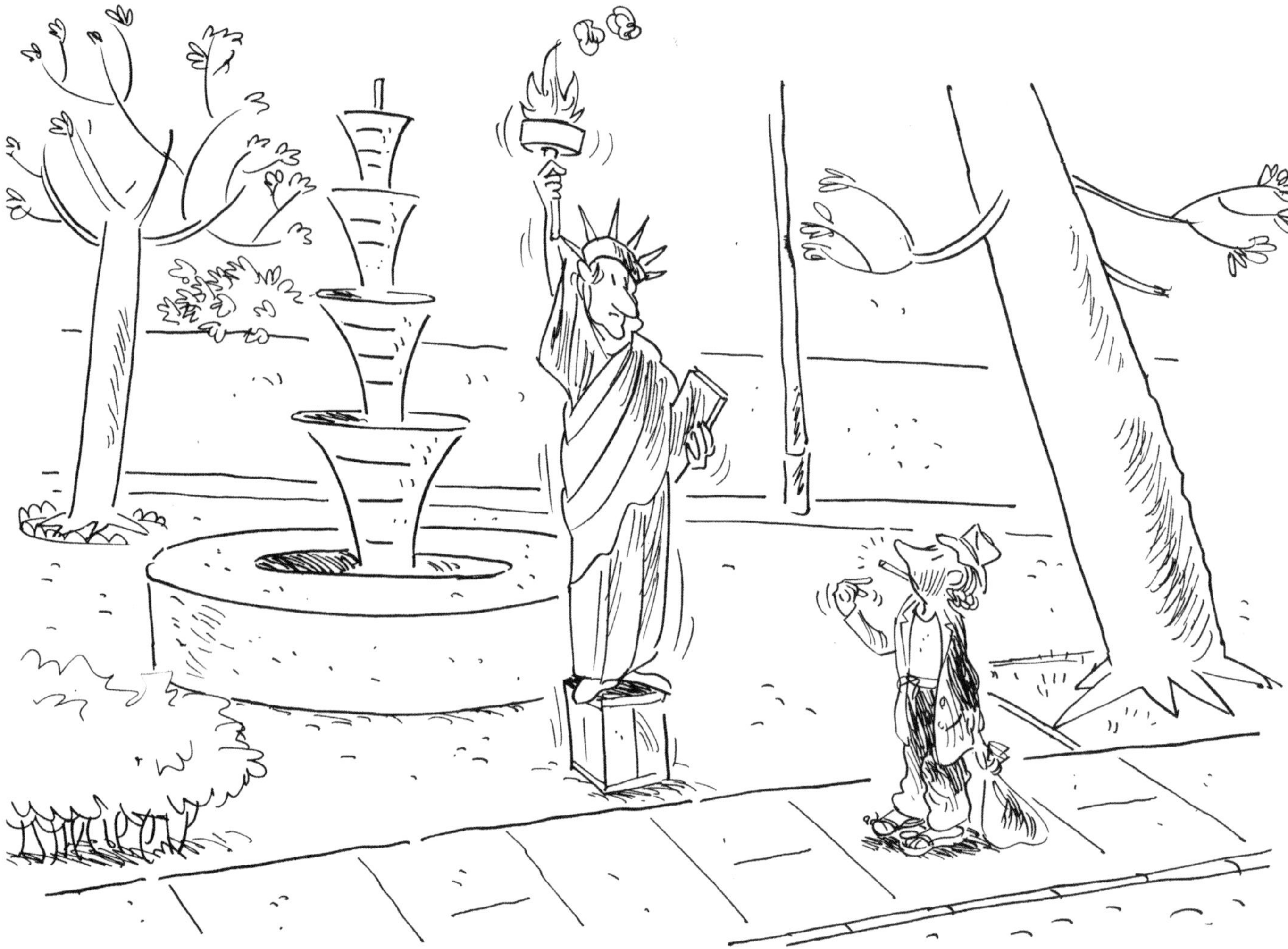

pombas & pombas

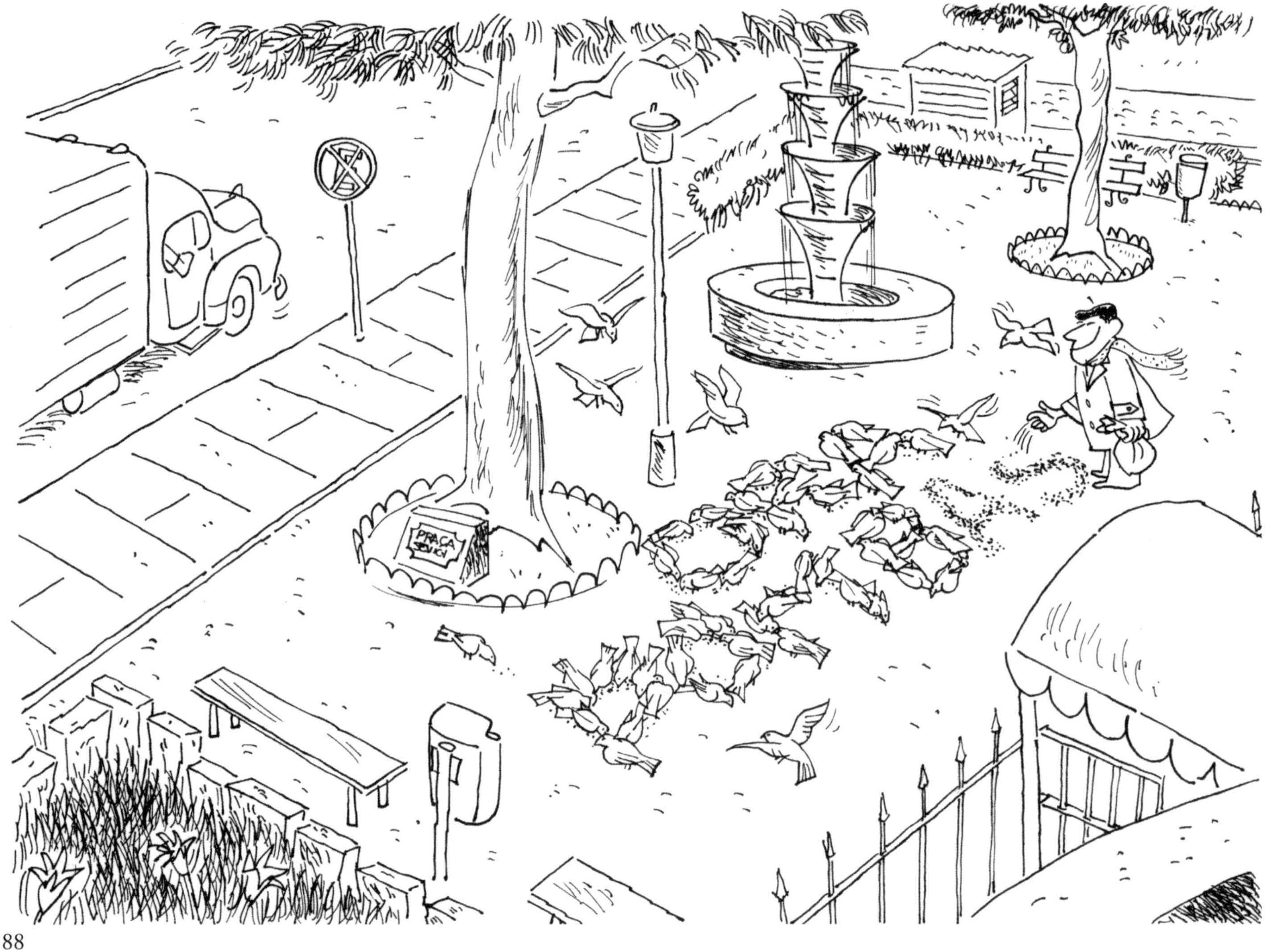
PRAÇA

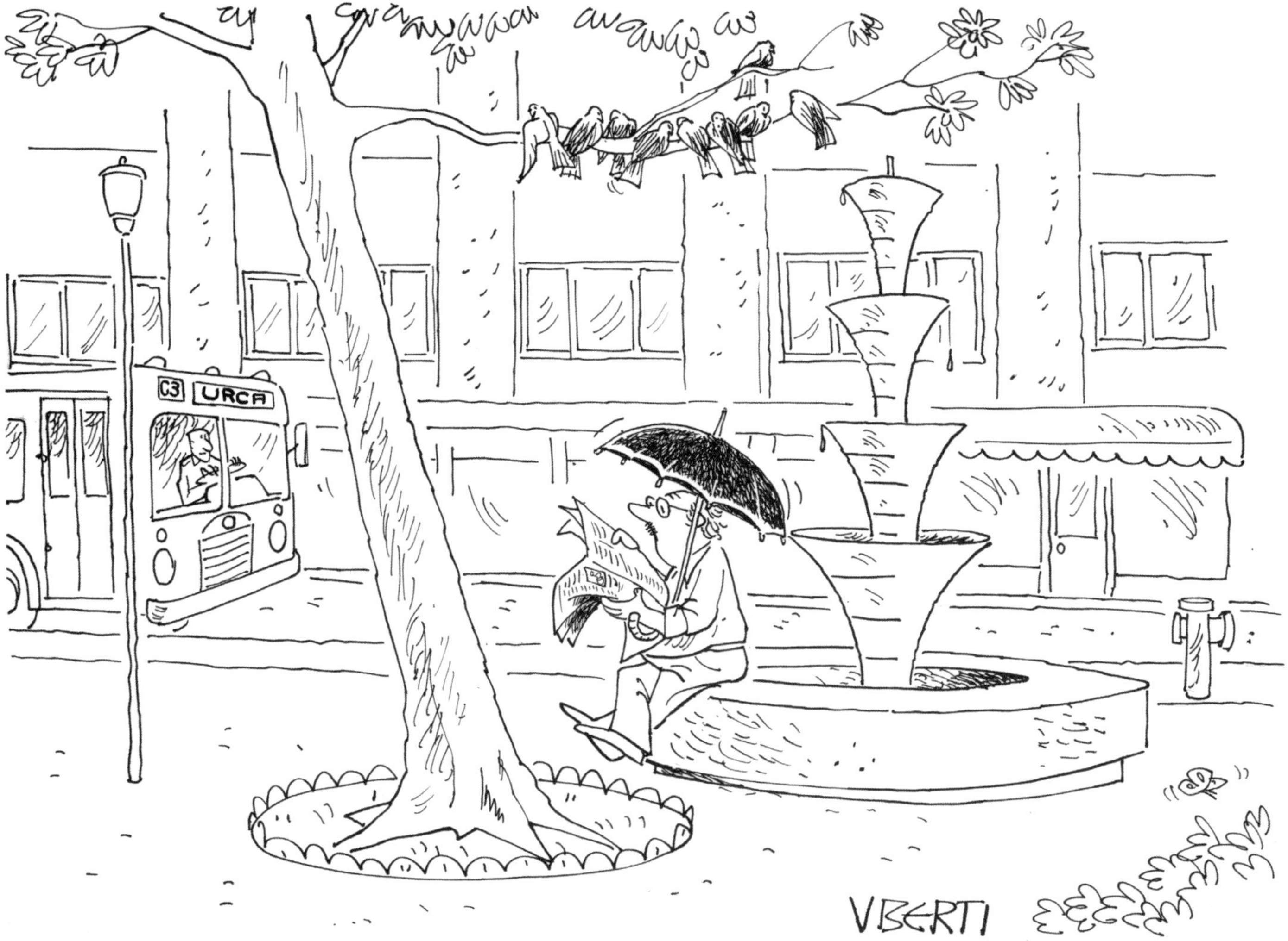
C3
URCA
VBERTI

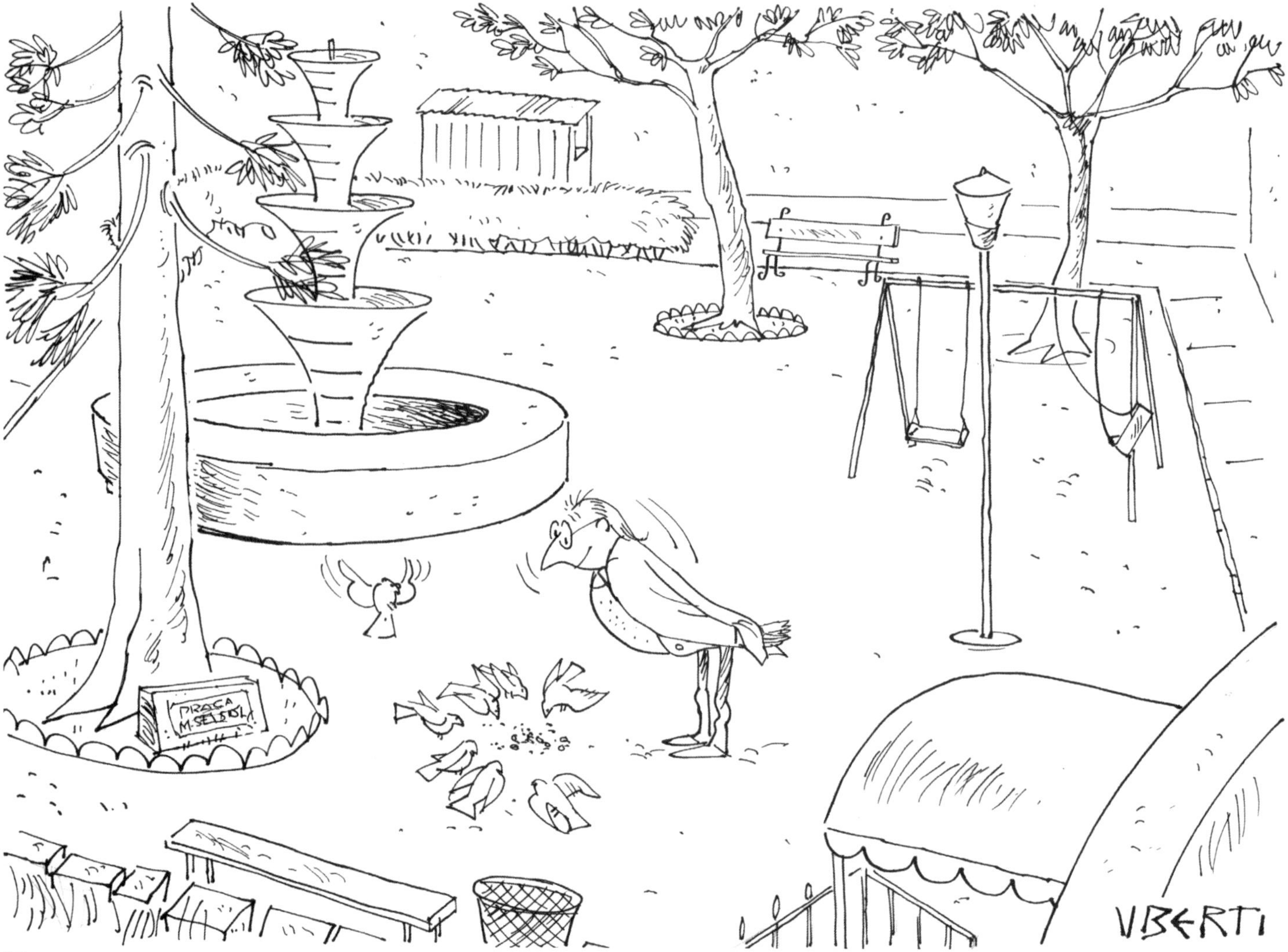
PRAÇA
VBERTI

VIBERTI

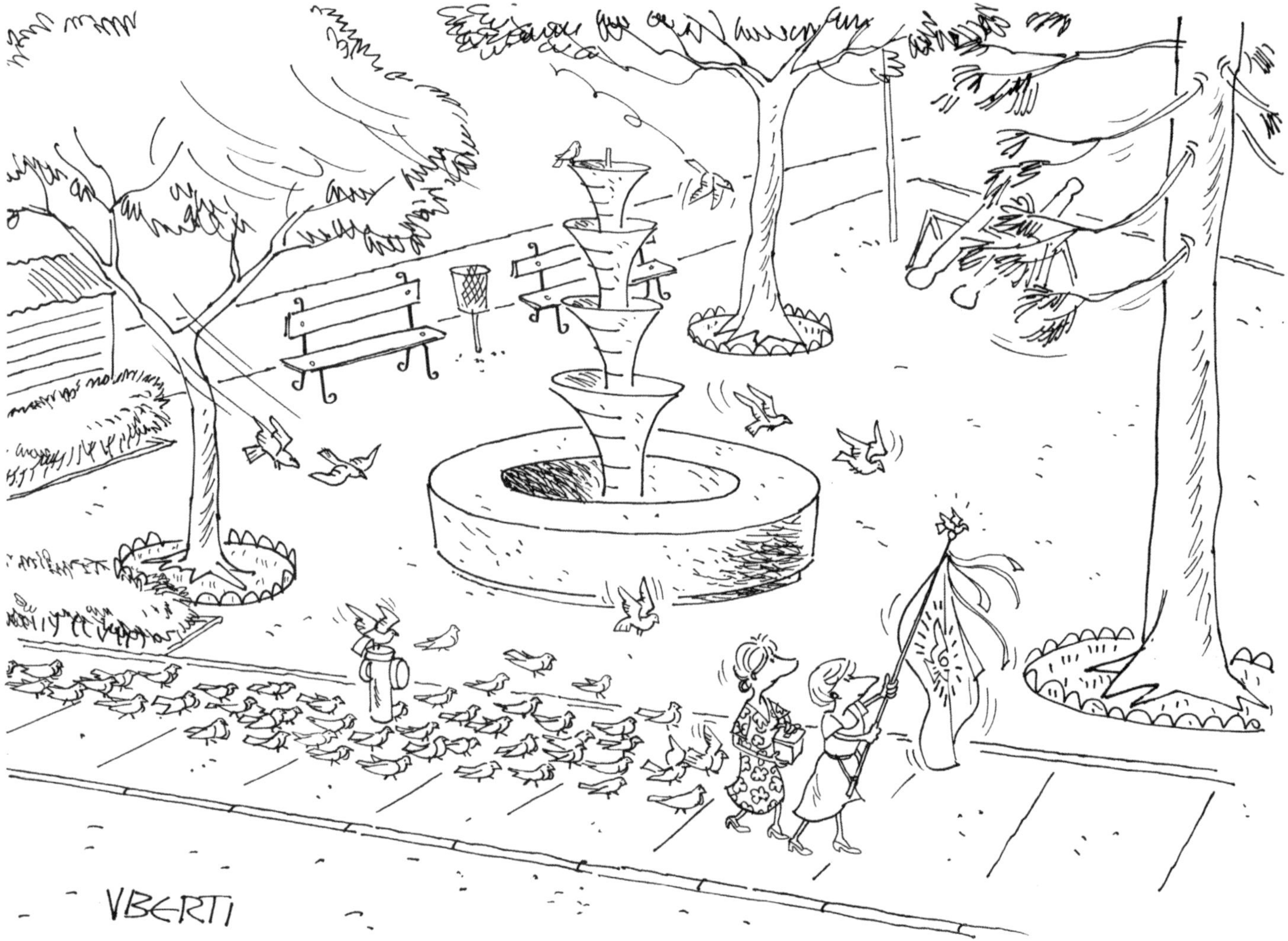
VBERTI

93

VBERTI

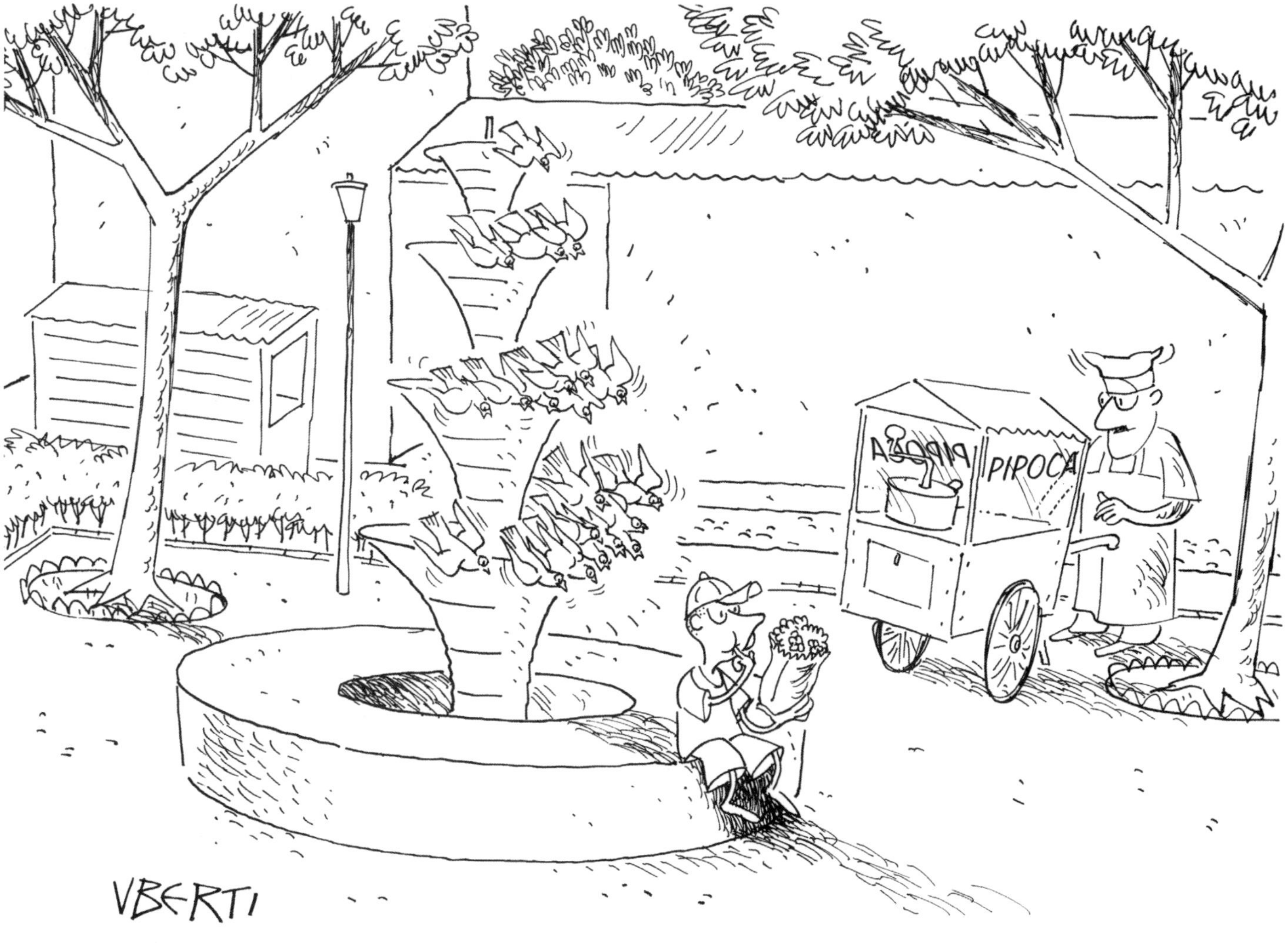
PIPOCA
PIPOCA
VBERTI

VBERTI

sem-teto & sem chão

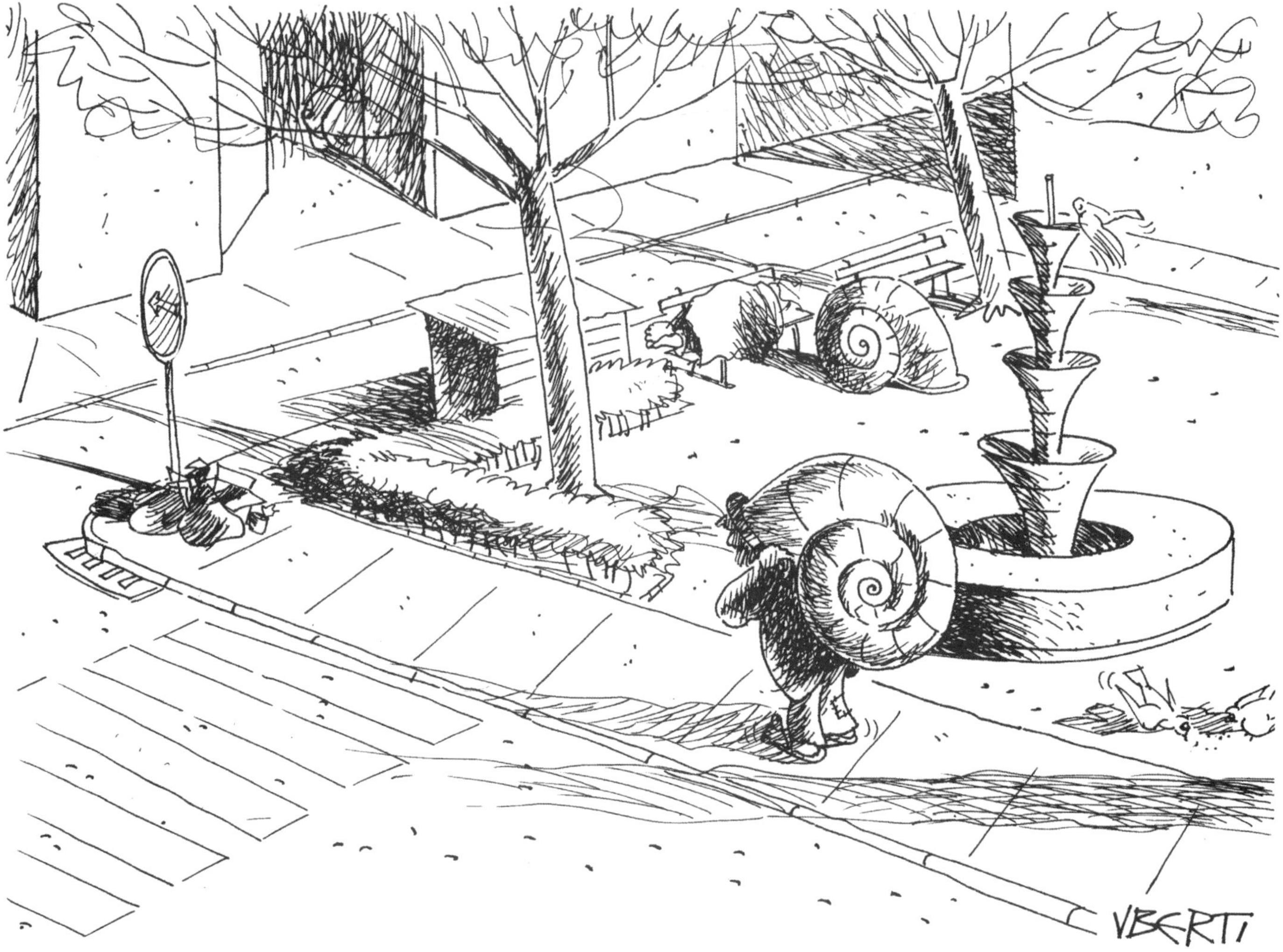
VBERTI

UBERTI

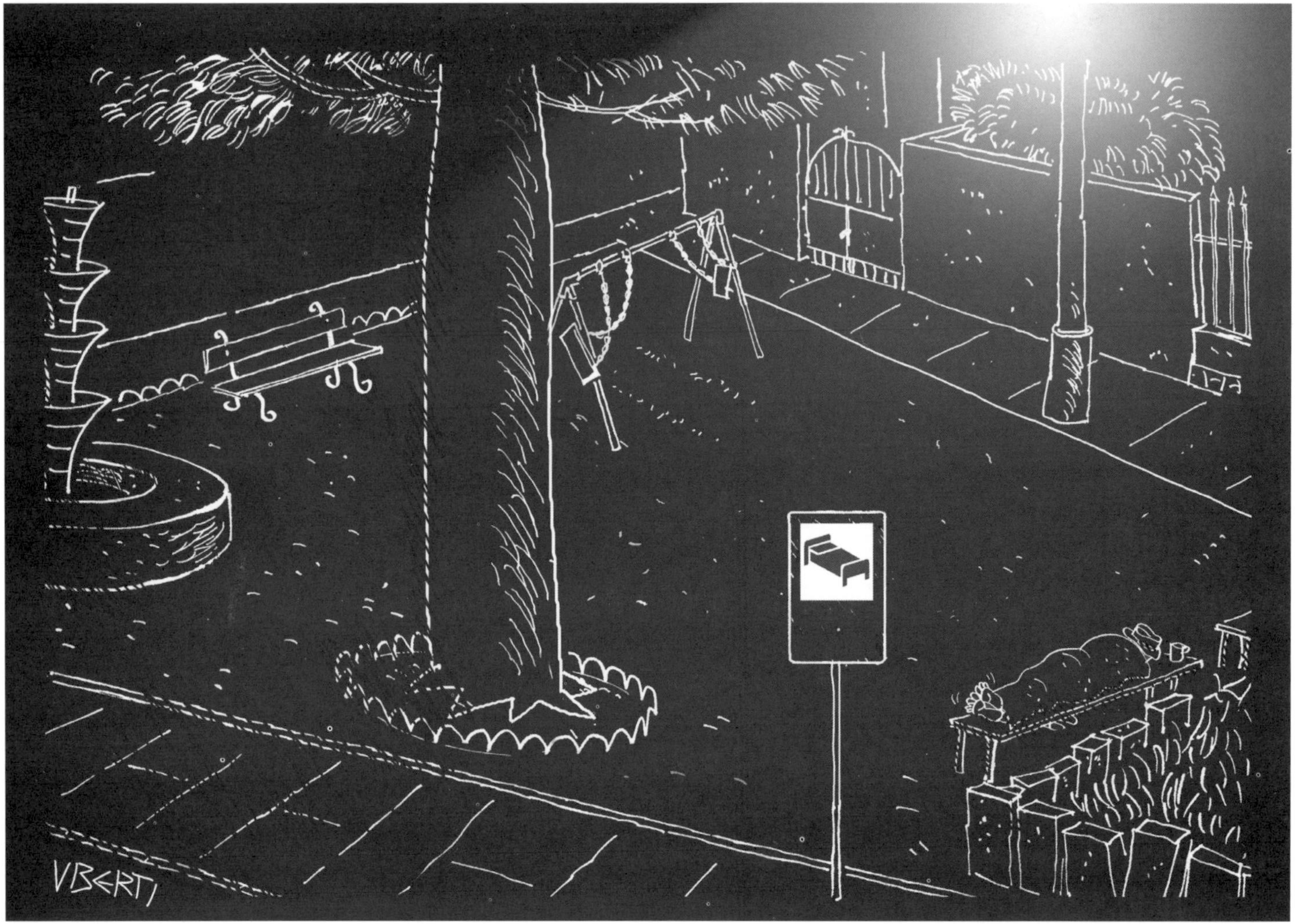
VBERTI

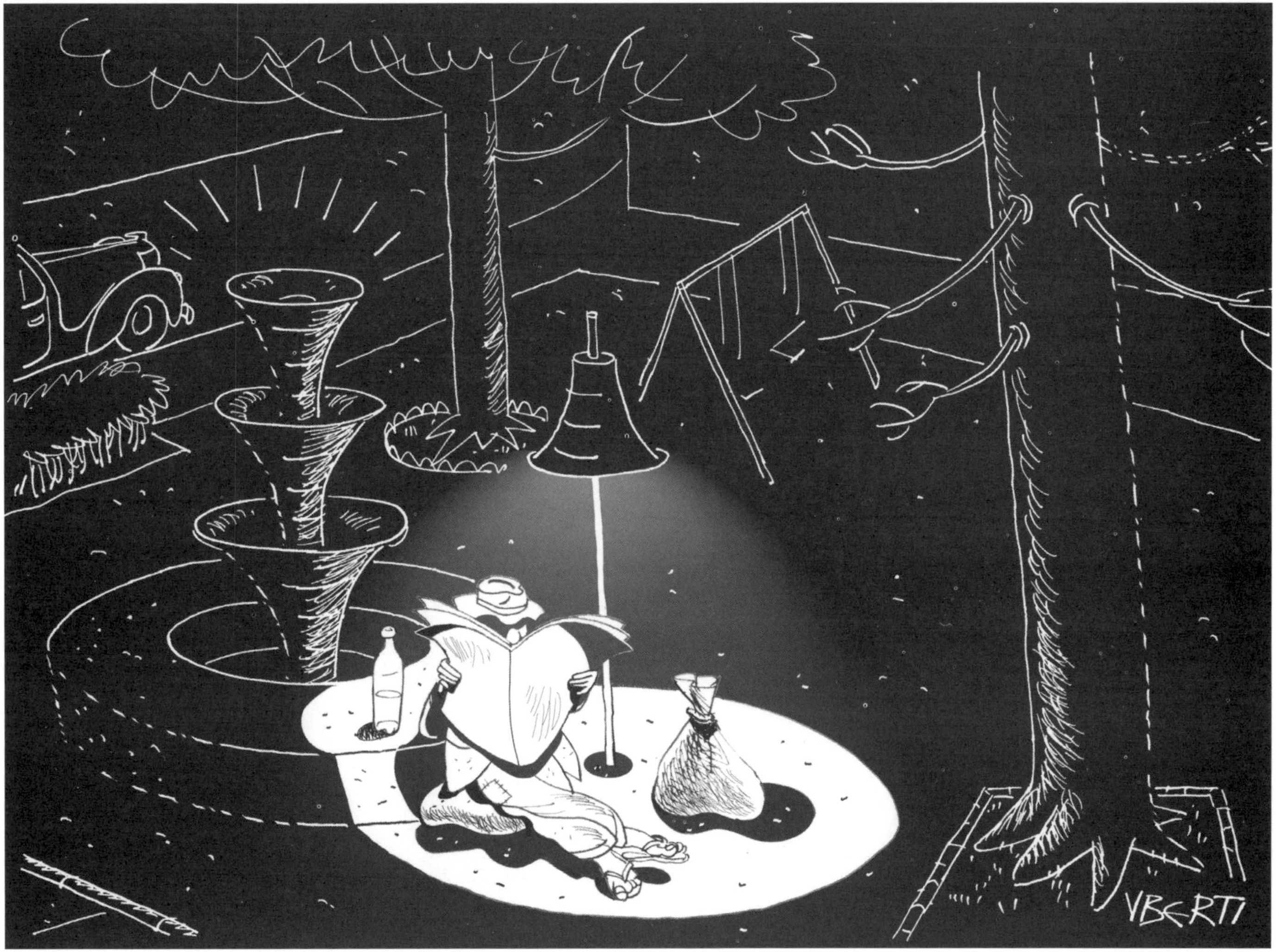
VBERTI

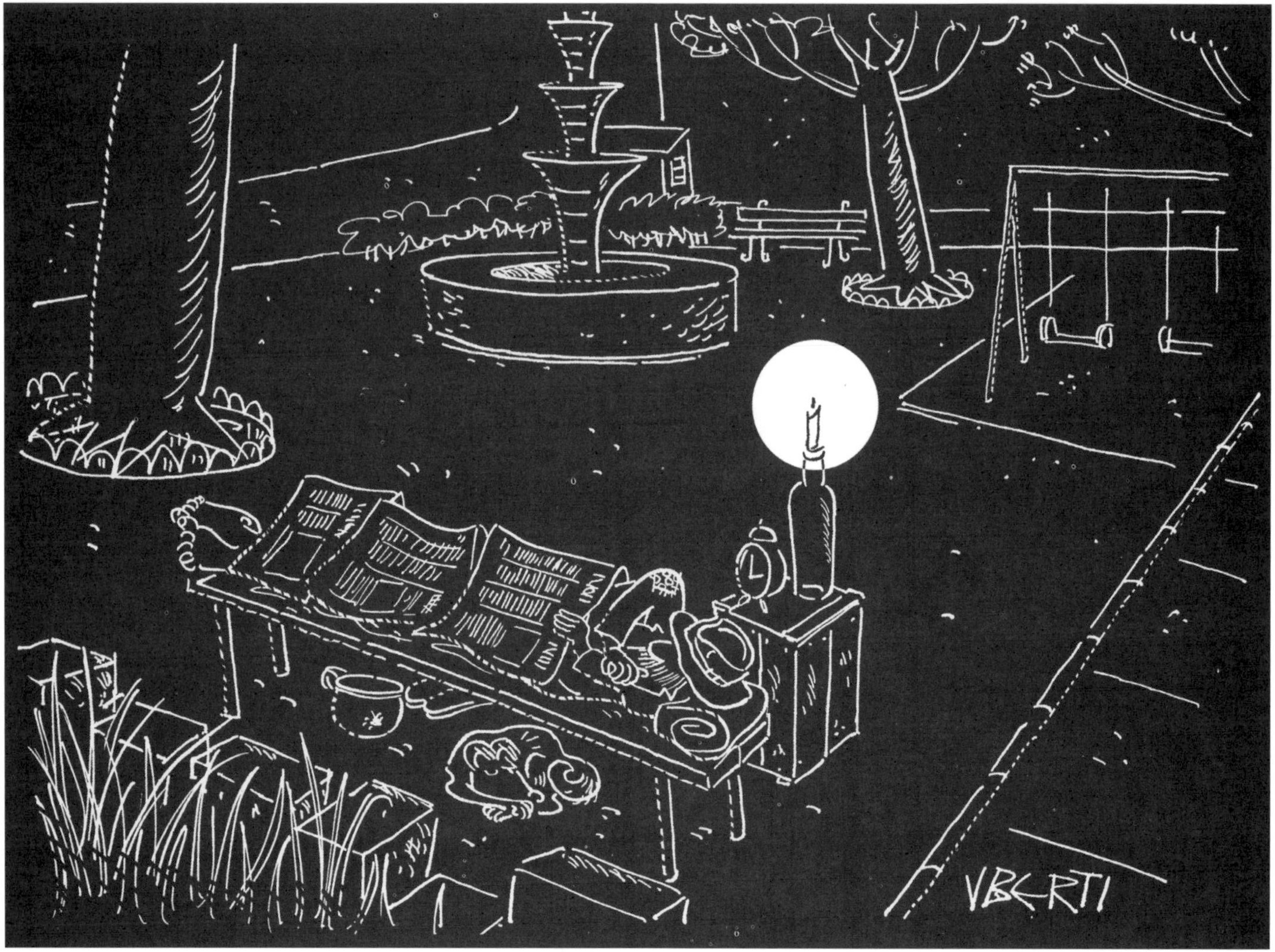
VBERTI

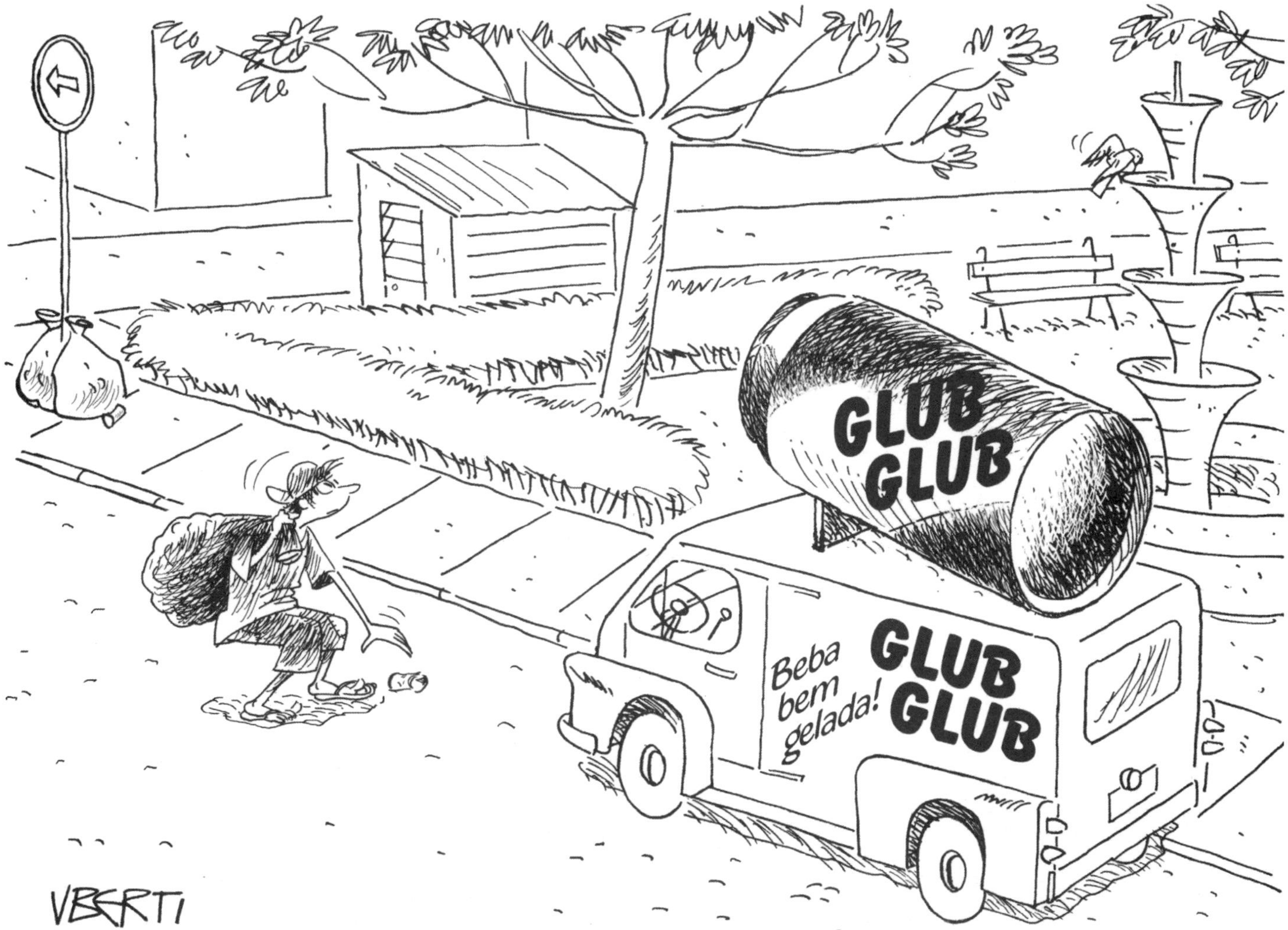
GLUB
GLUB
Beba
bem
gelada!
GLUB
GLUB
VBERTI

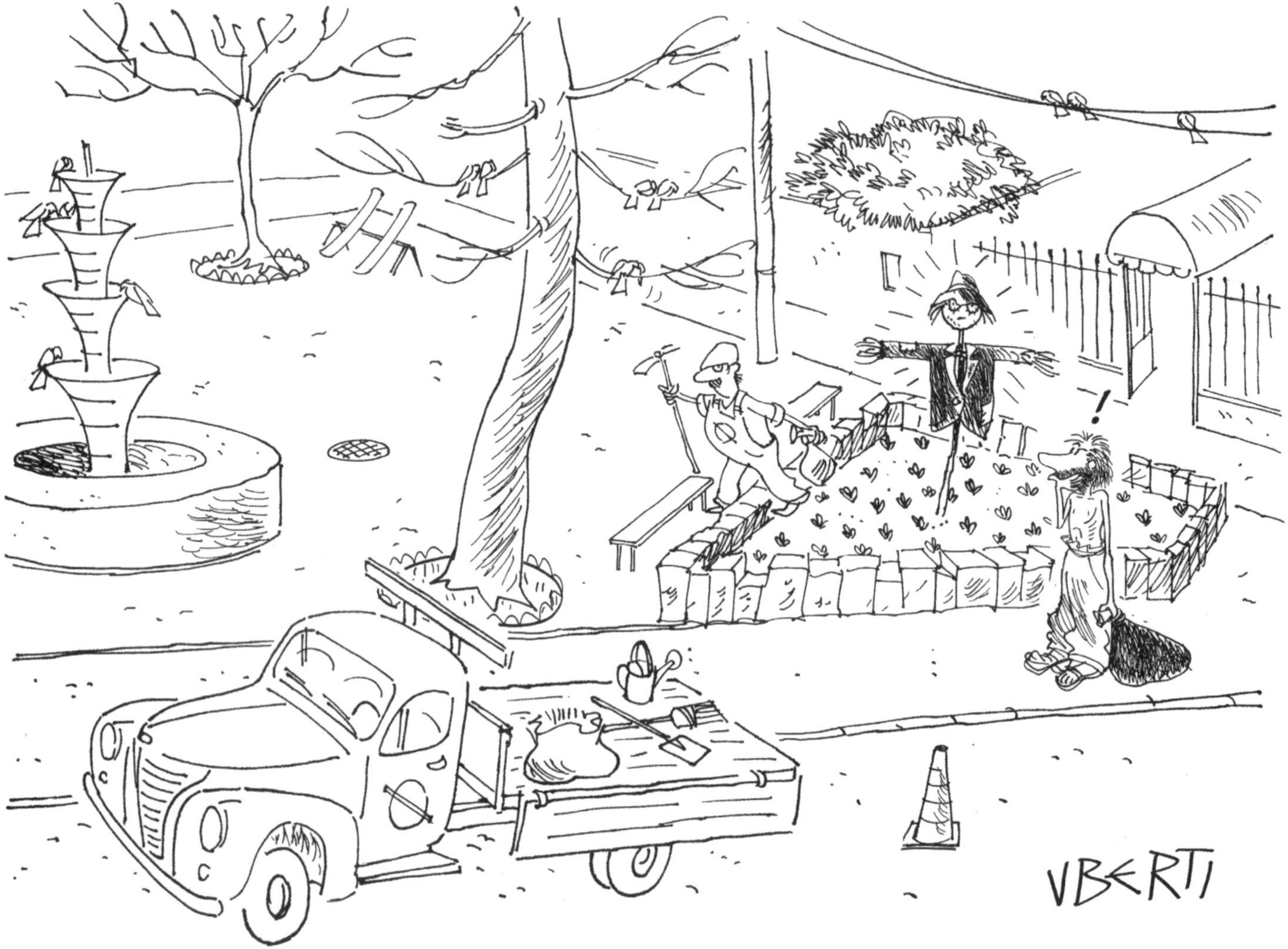

VBERTI

carros & pedestres

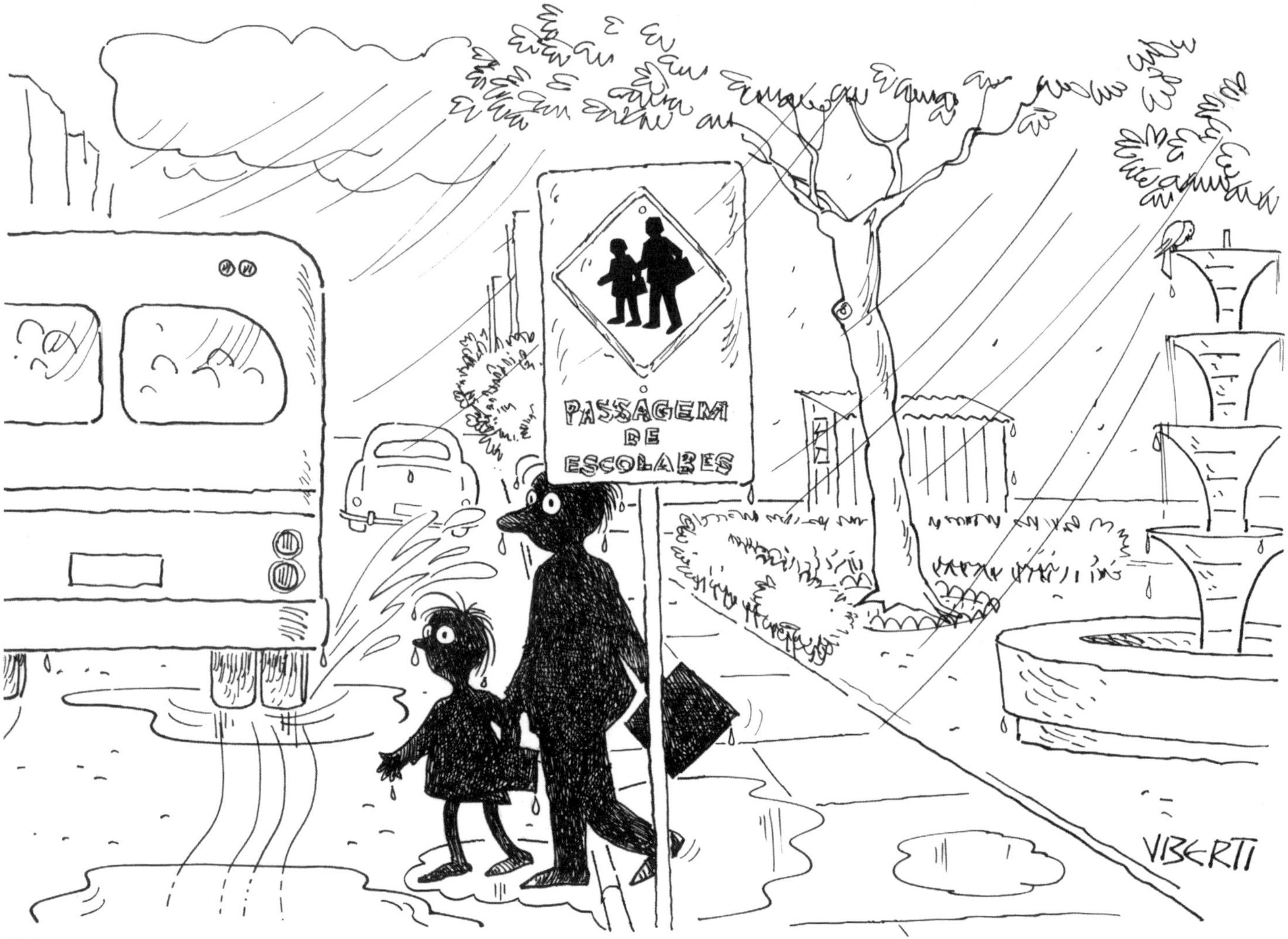
PASSAGEM
DE
ESCOLARES
VBERTI

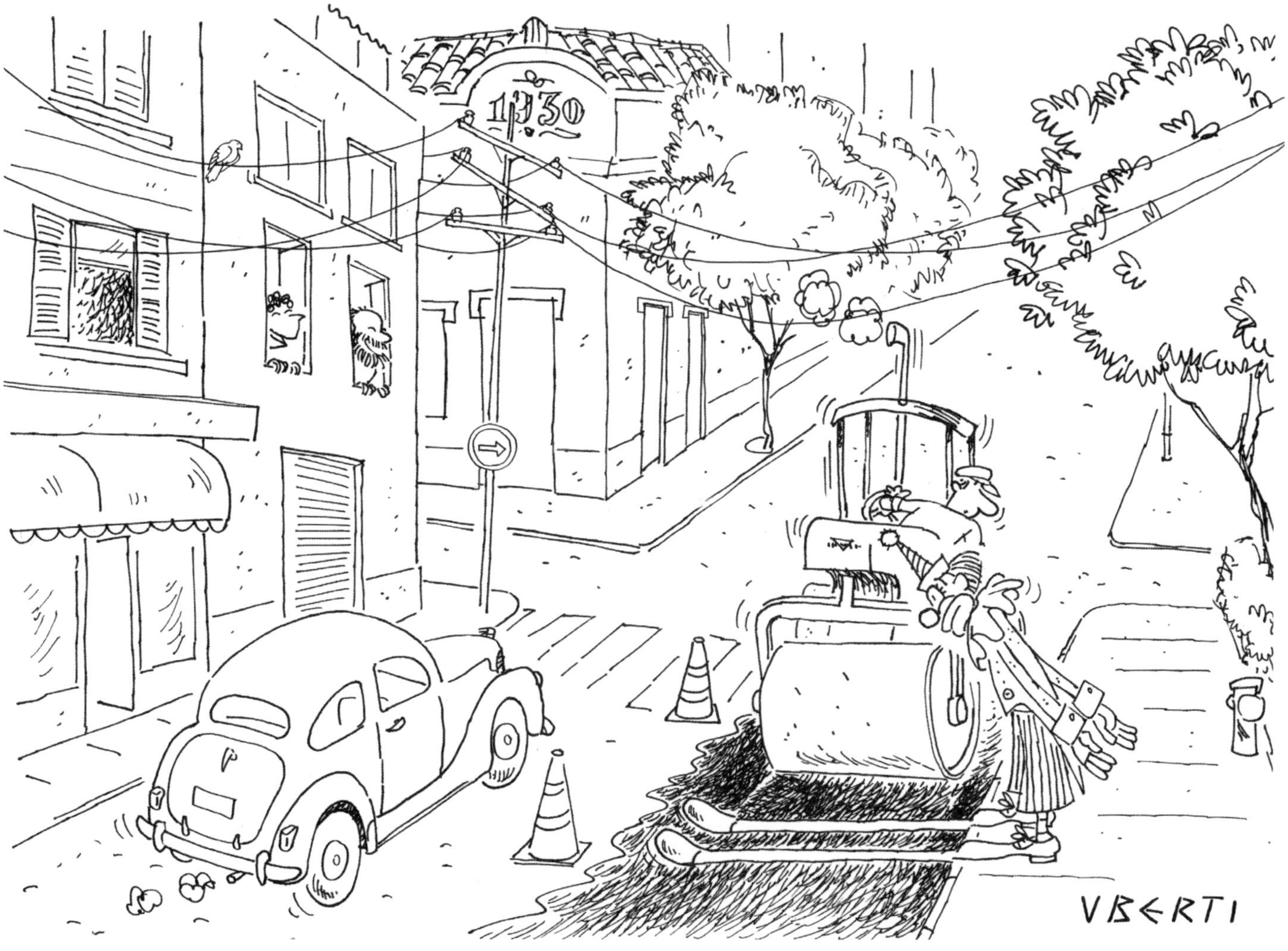
1930
VBERTI

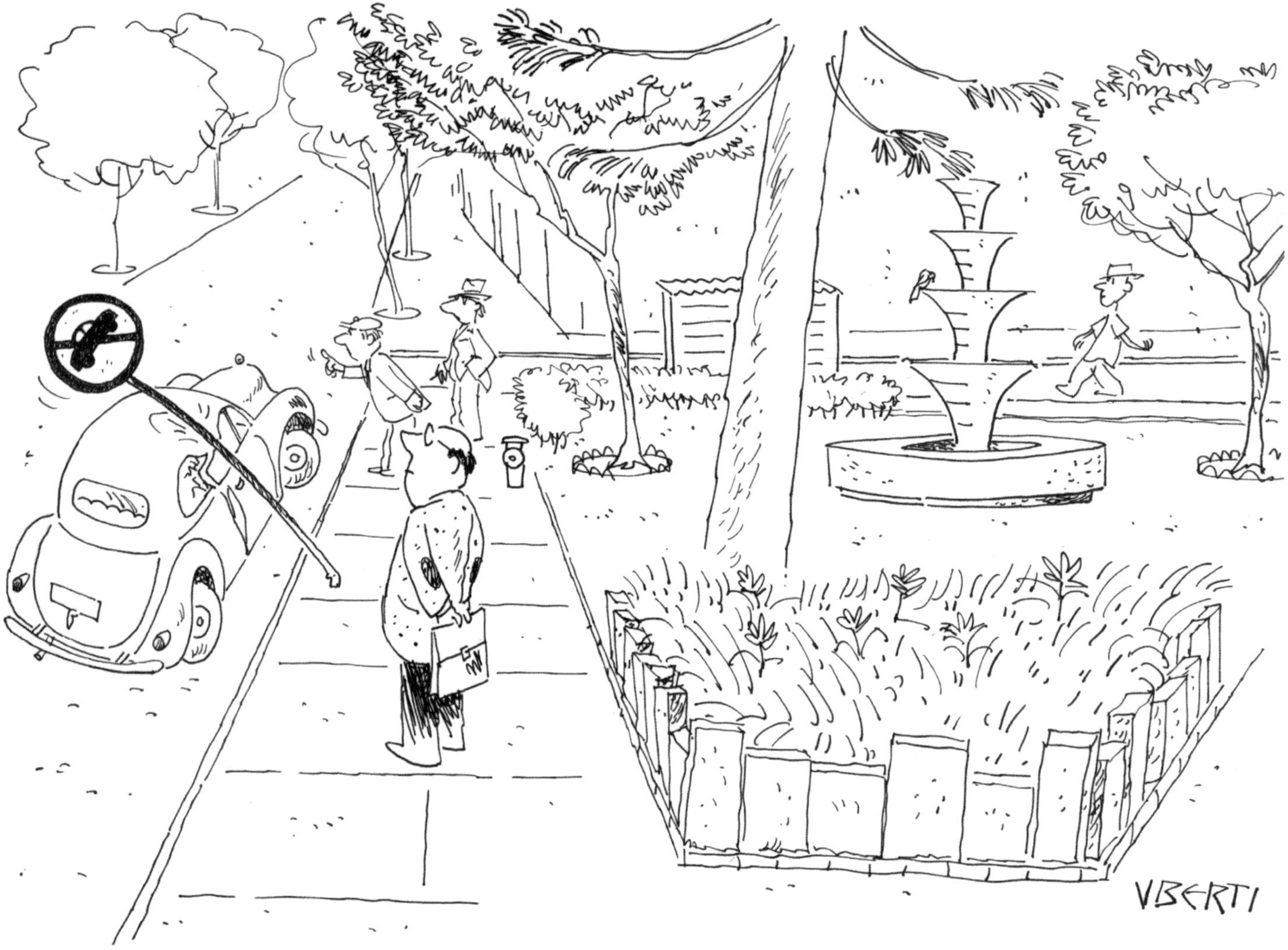
VBERTI

PARADA DE ÔNIBUS

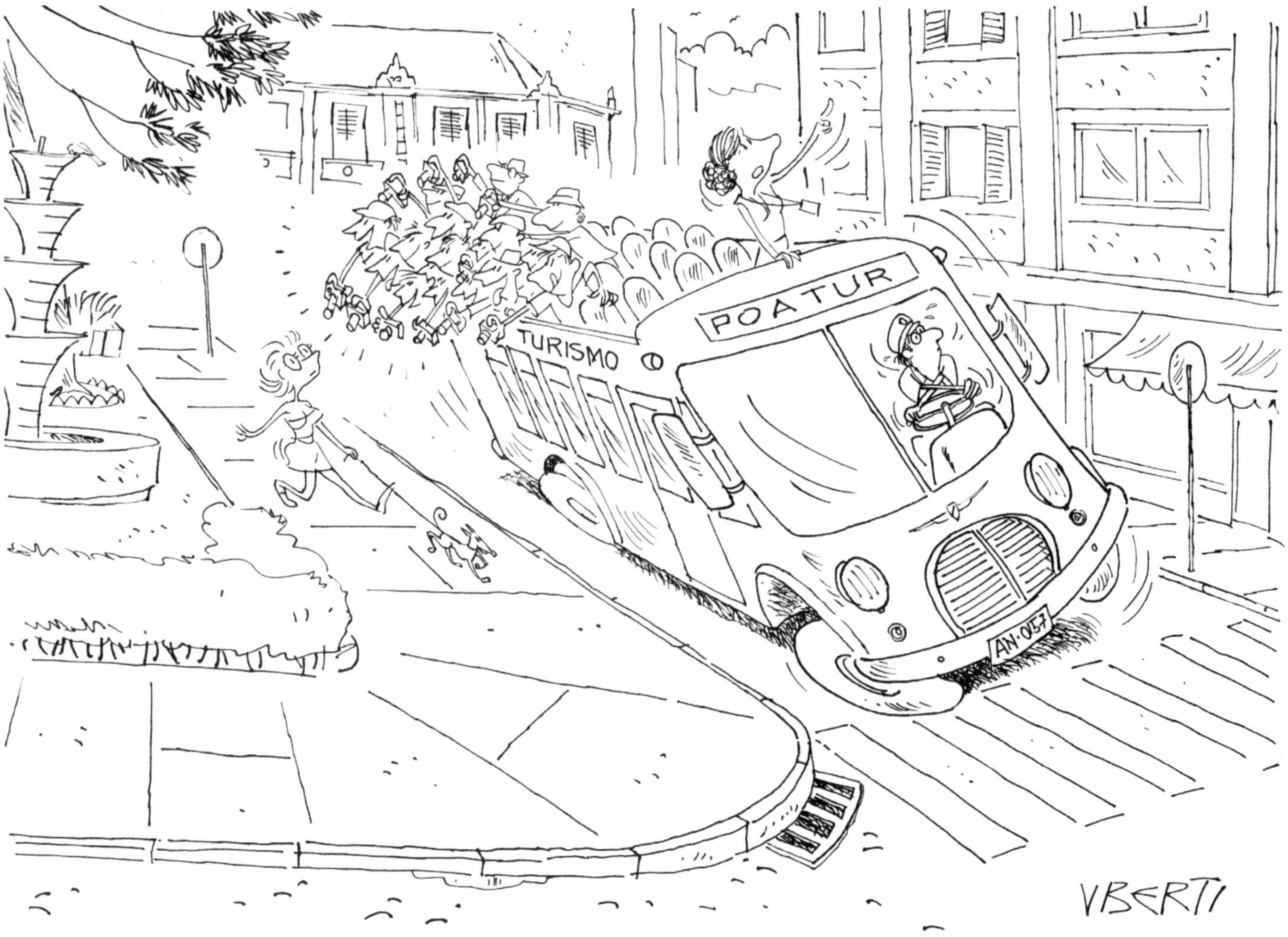
POATUR
TURISMO
AN·057
VBERTI

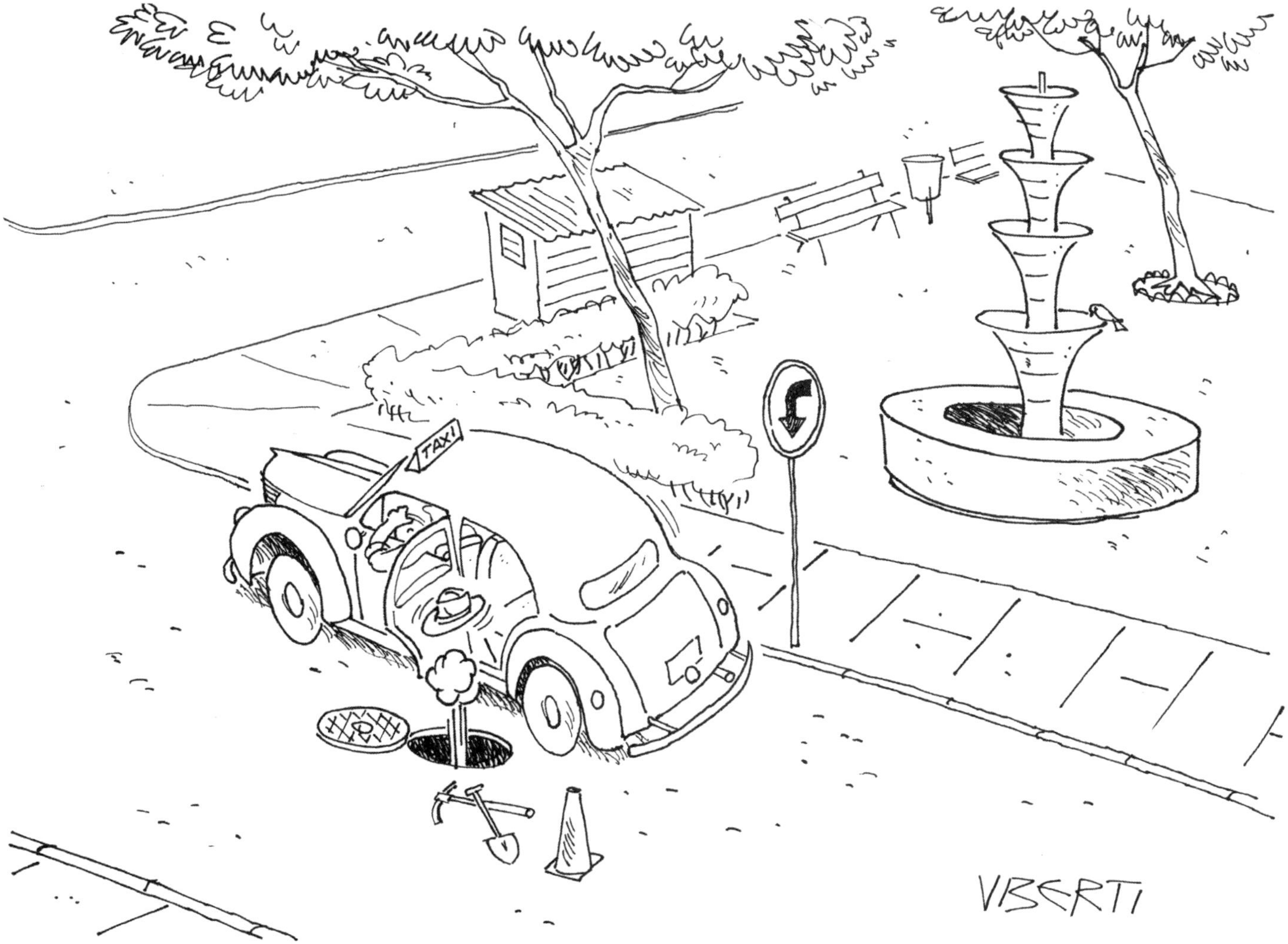
TAXI
VBERTI

112

UBERTI

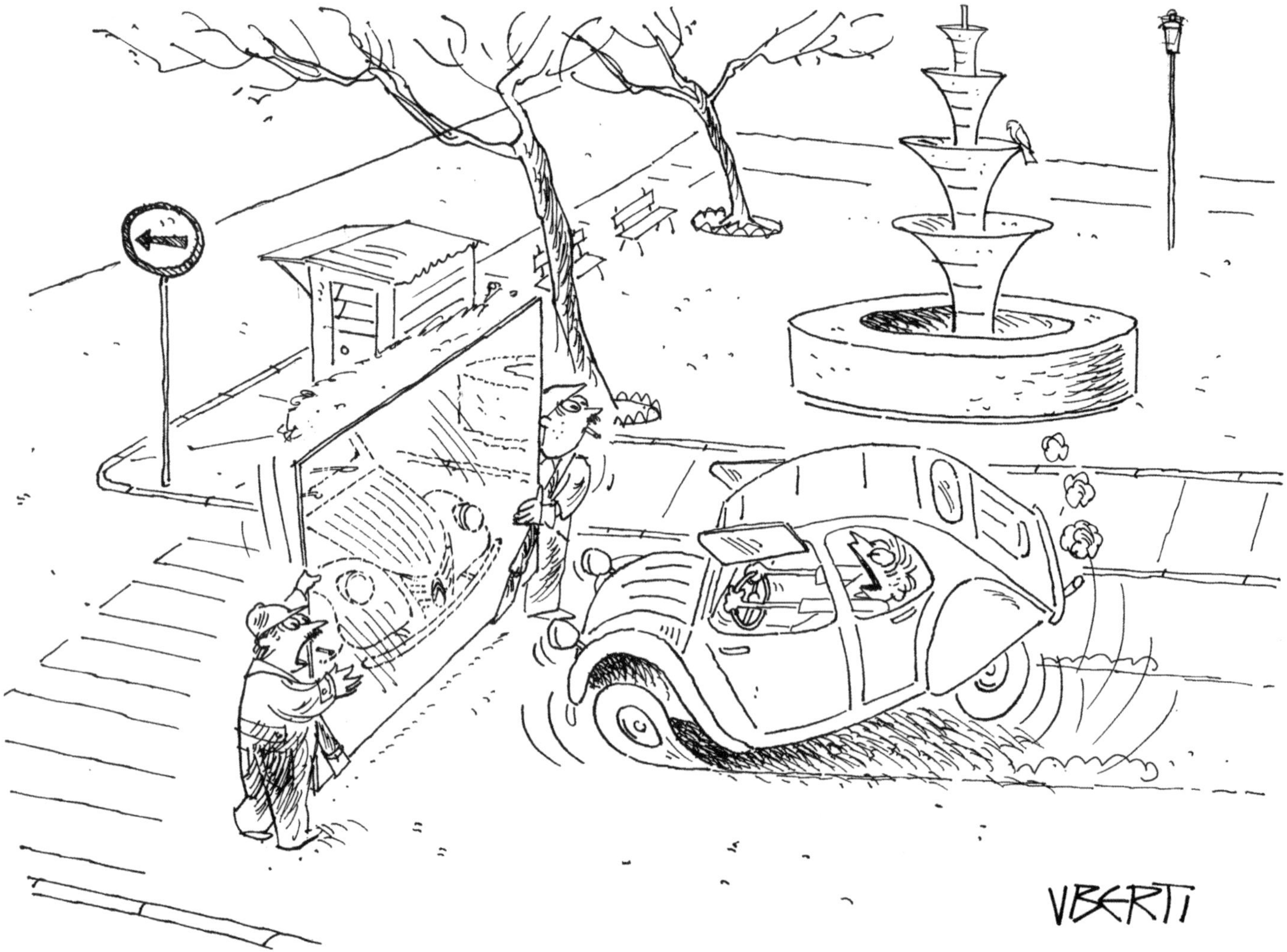
VBERTI

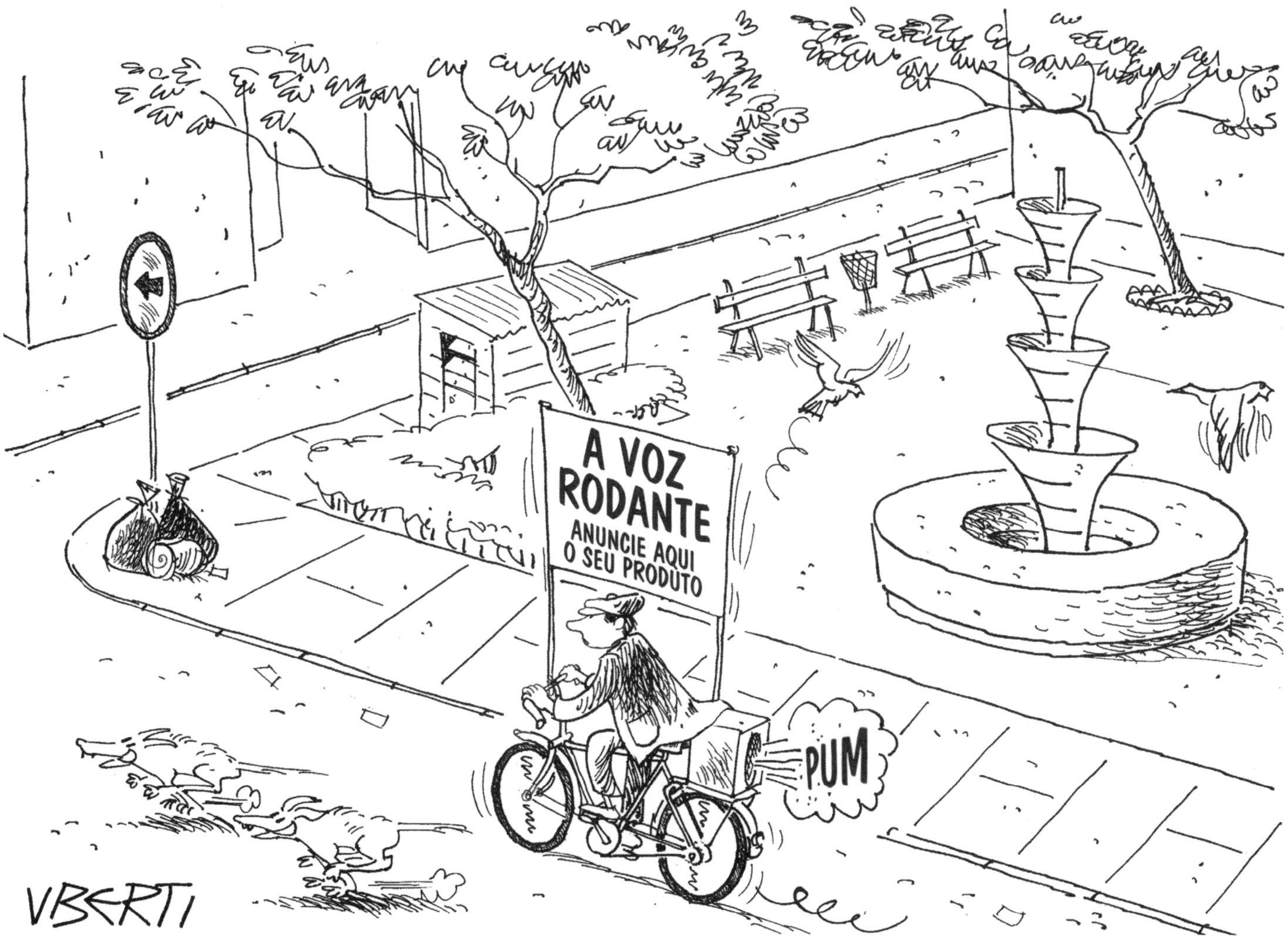
A VOZ RODANTE
ANUNCIE AQUI O SEU PRODUTO
PUM
VBERTI

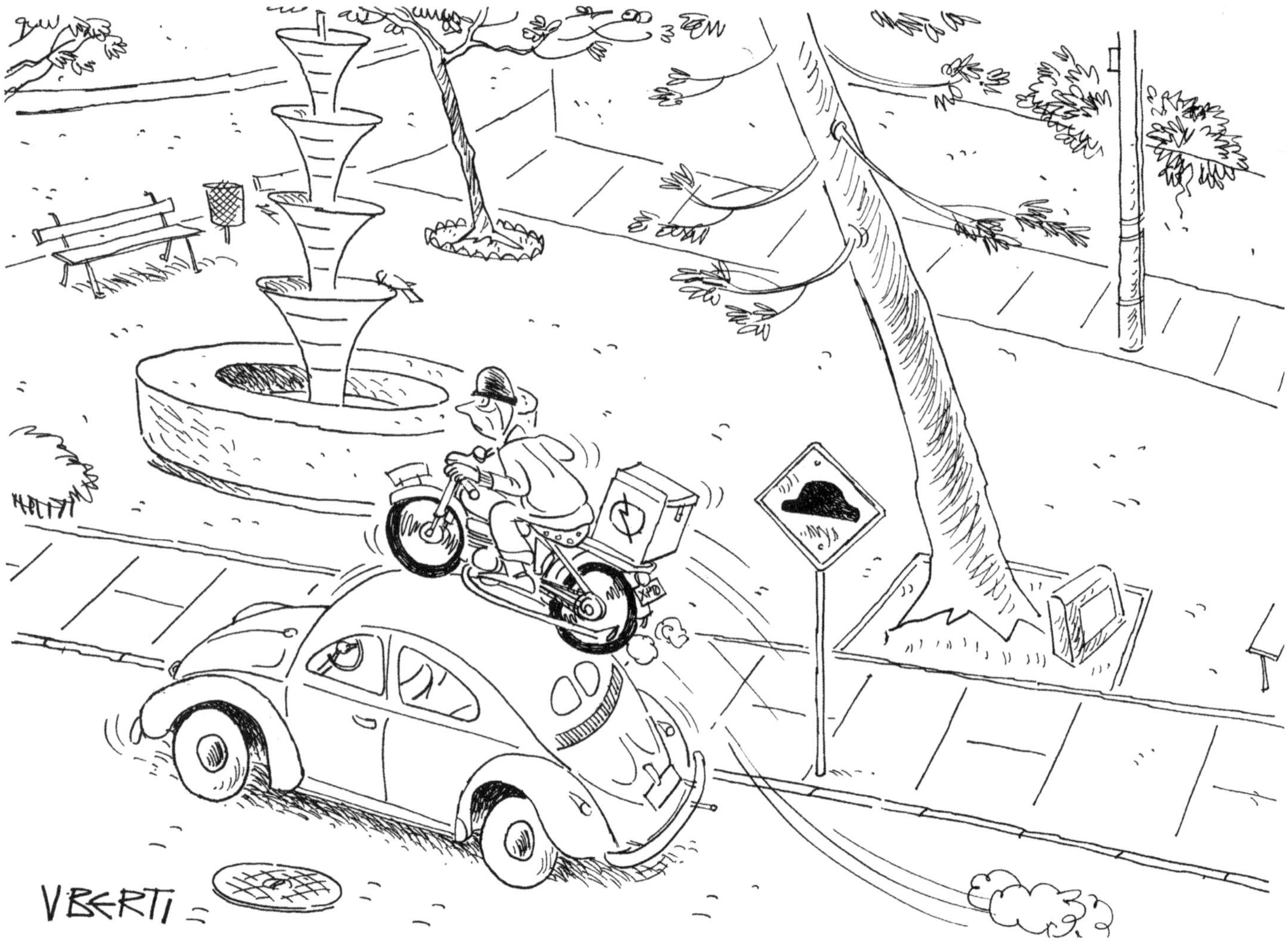
VBERTI

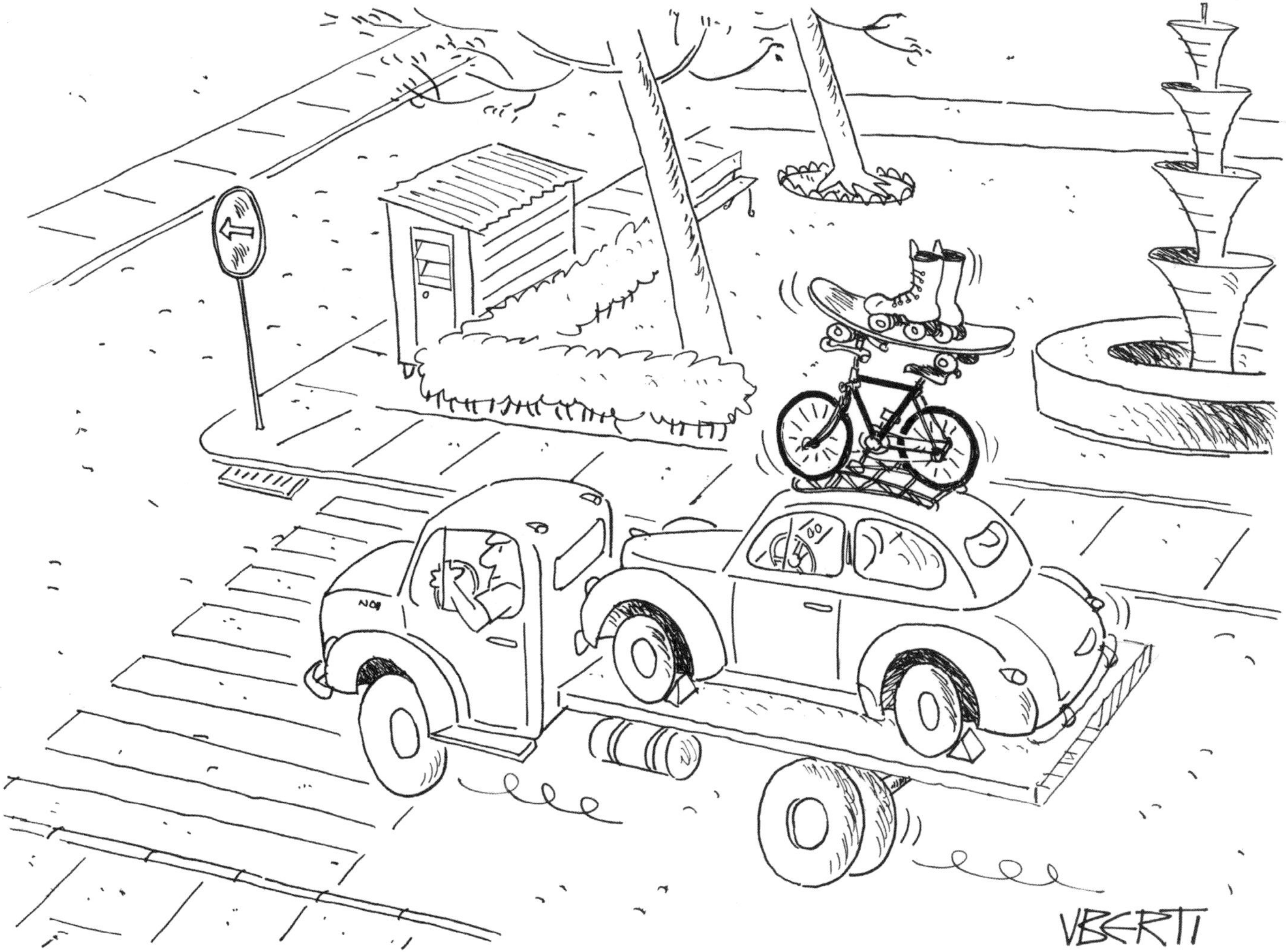
VBERTI

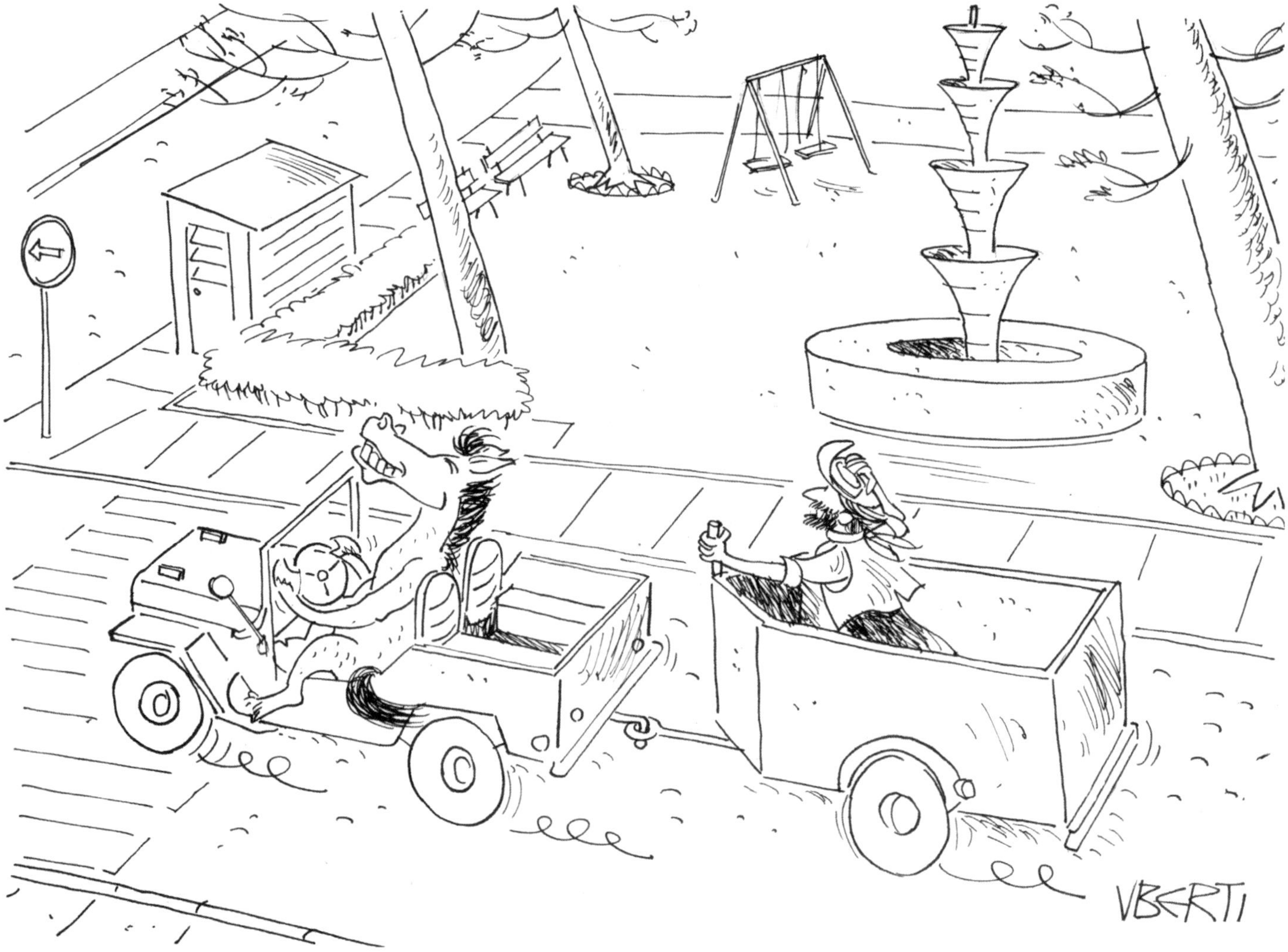
VBERTI

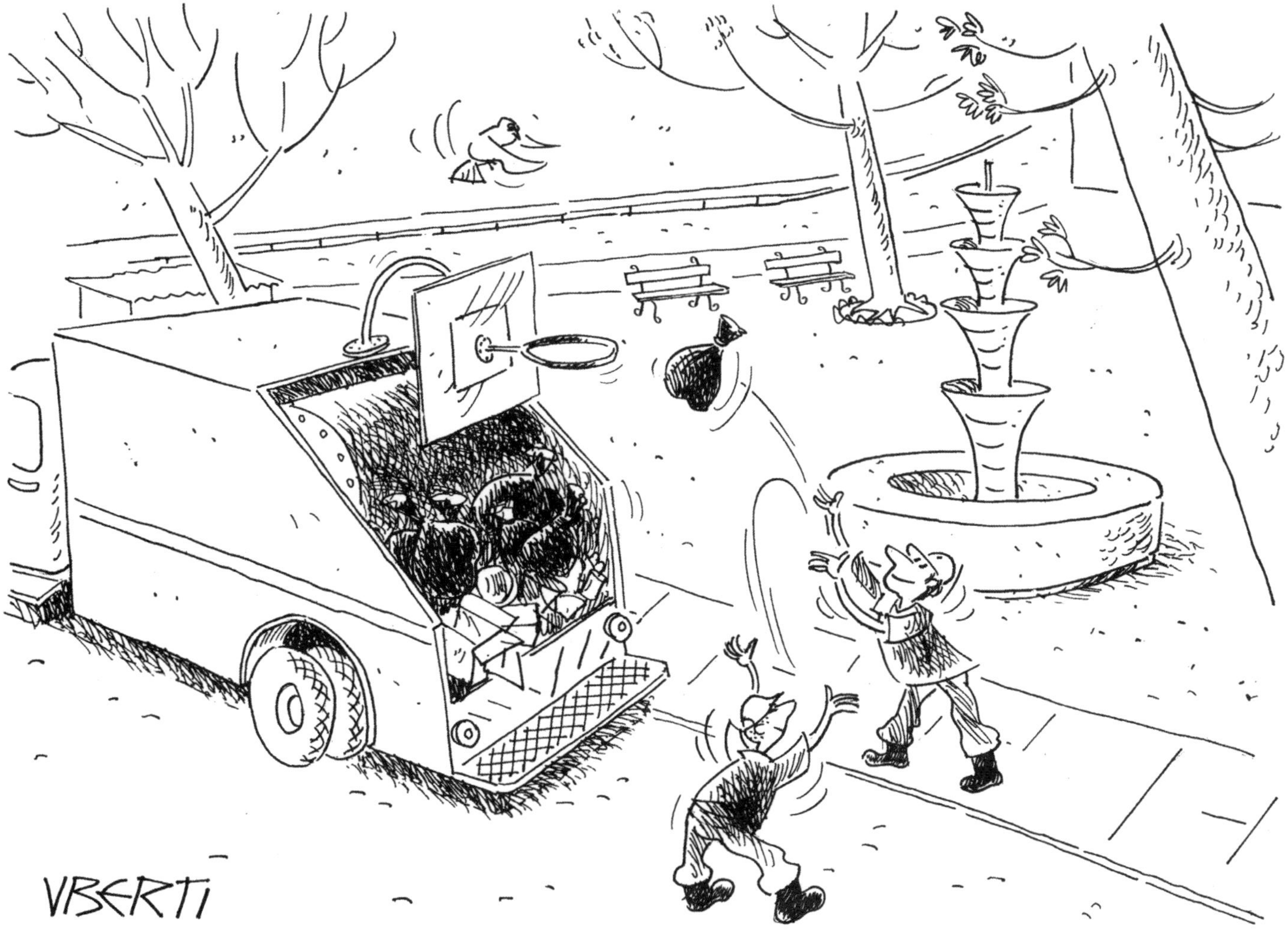
VBERTI

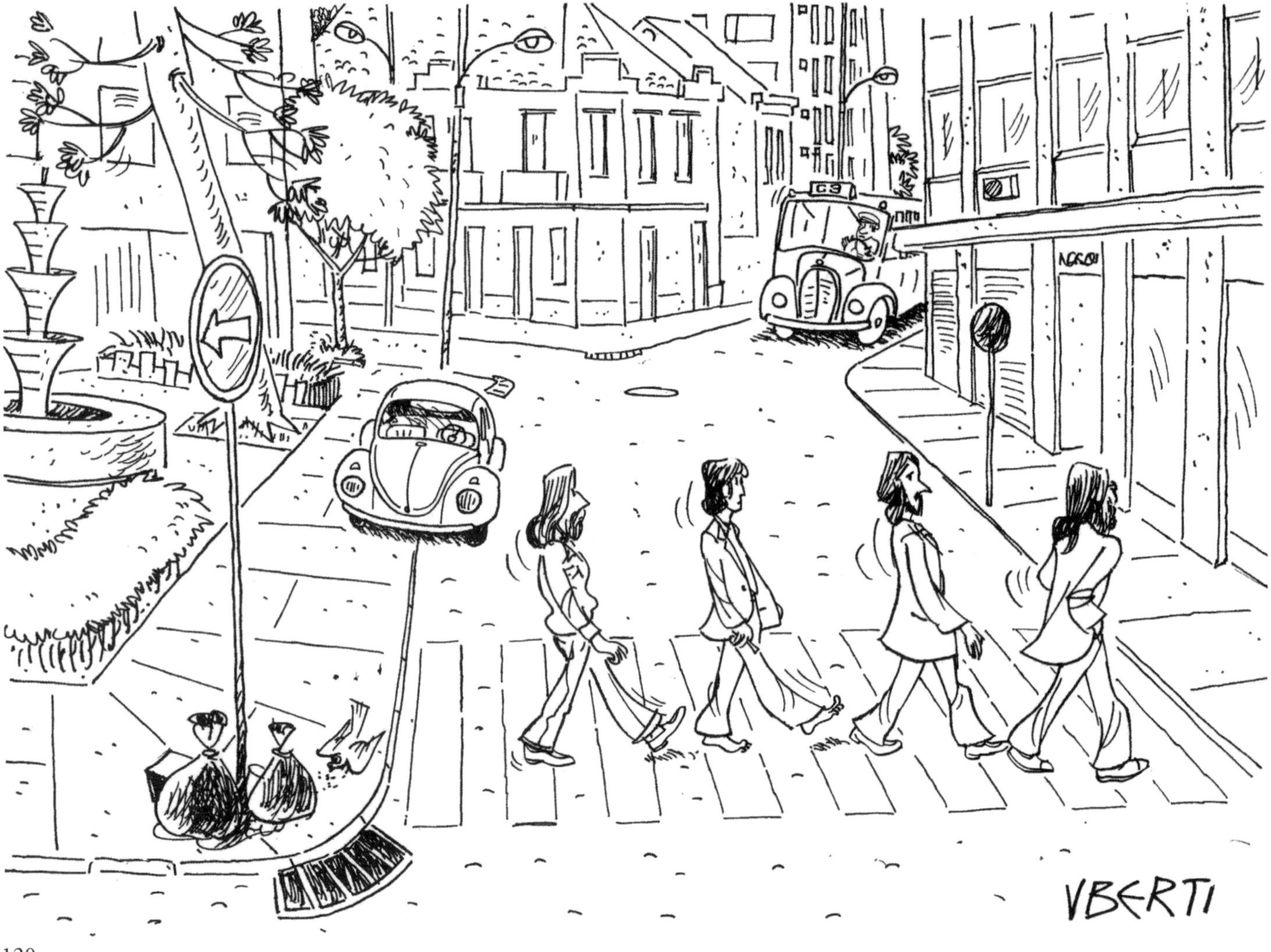
VBERTI

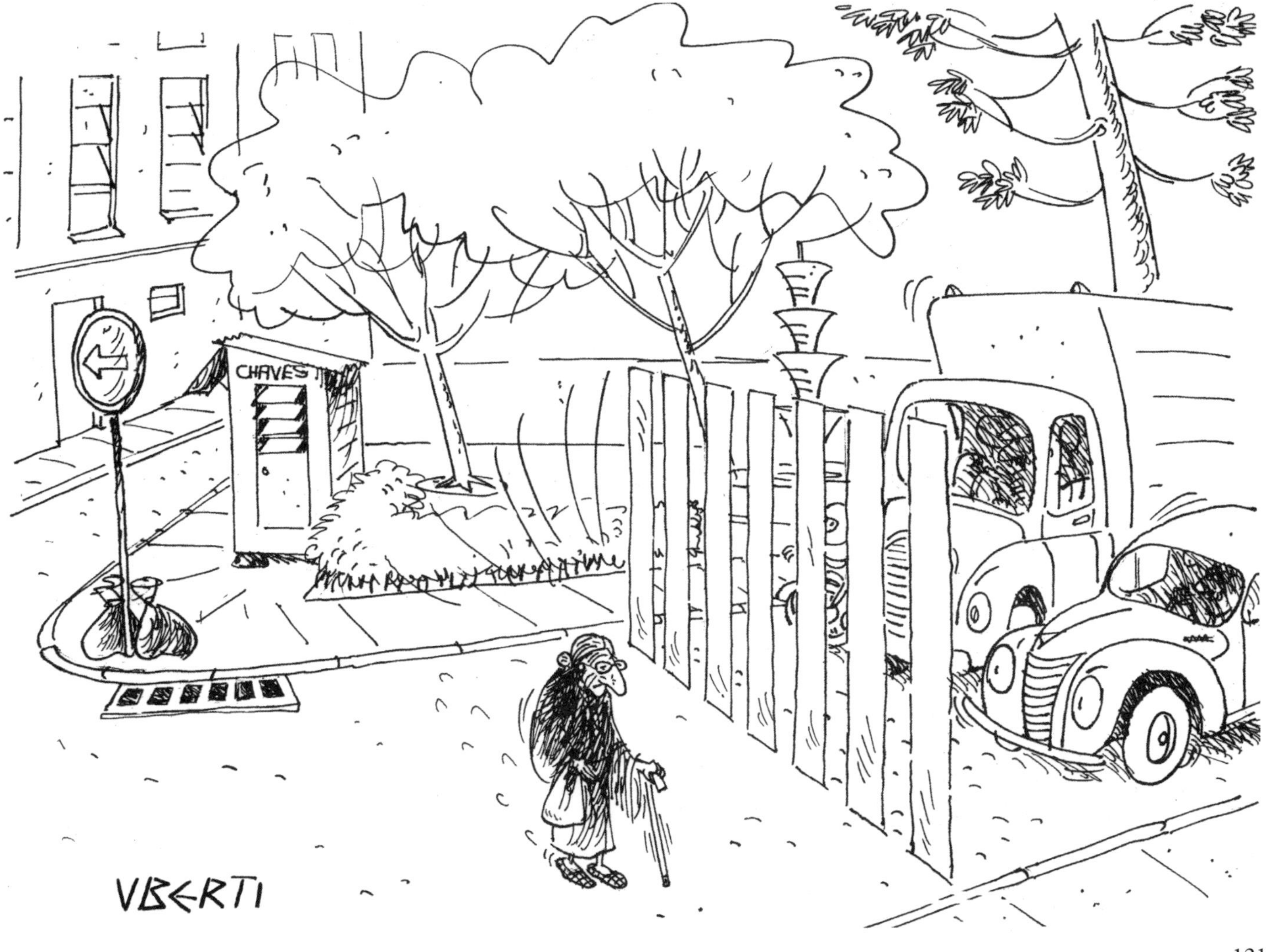
CHAVES
VBERTI

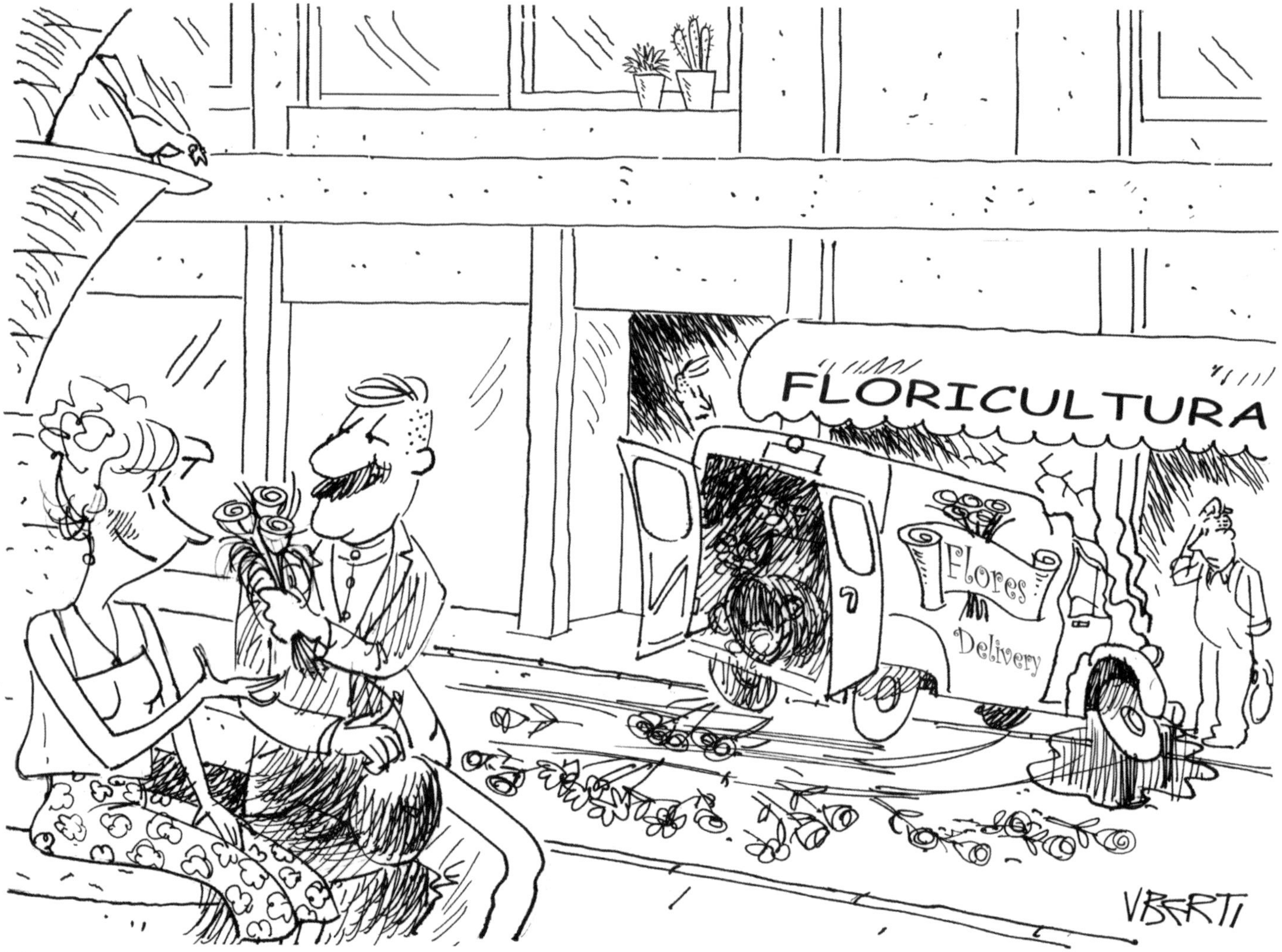
FLORICULTURA
Flores
Delivery
VBERTI

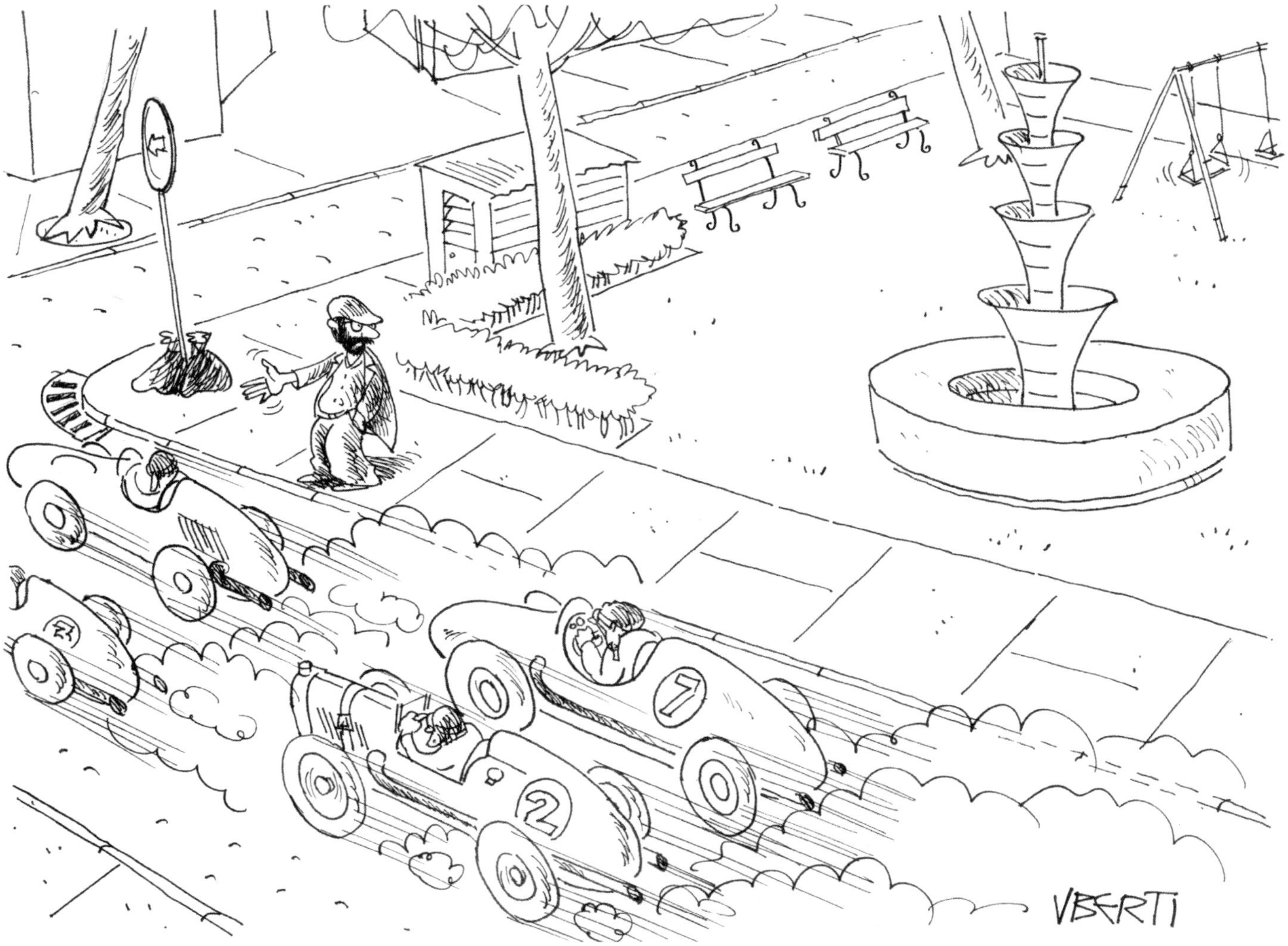
VBERTI

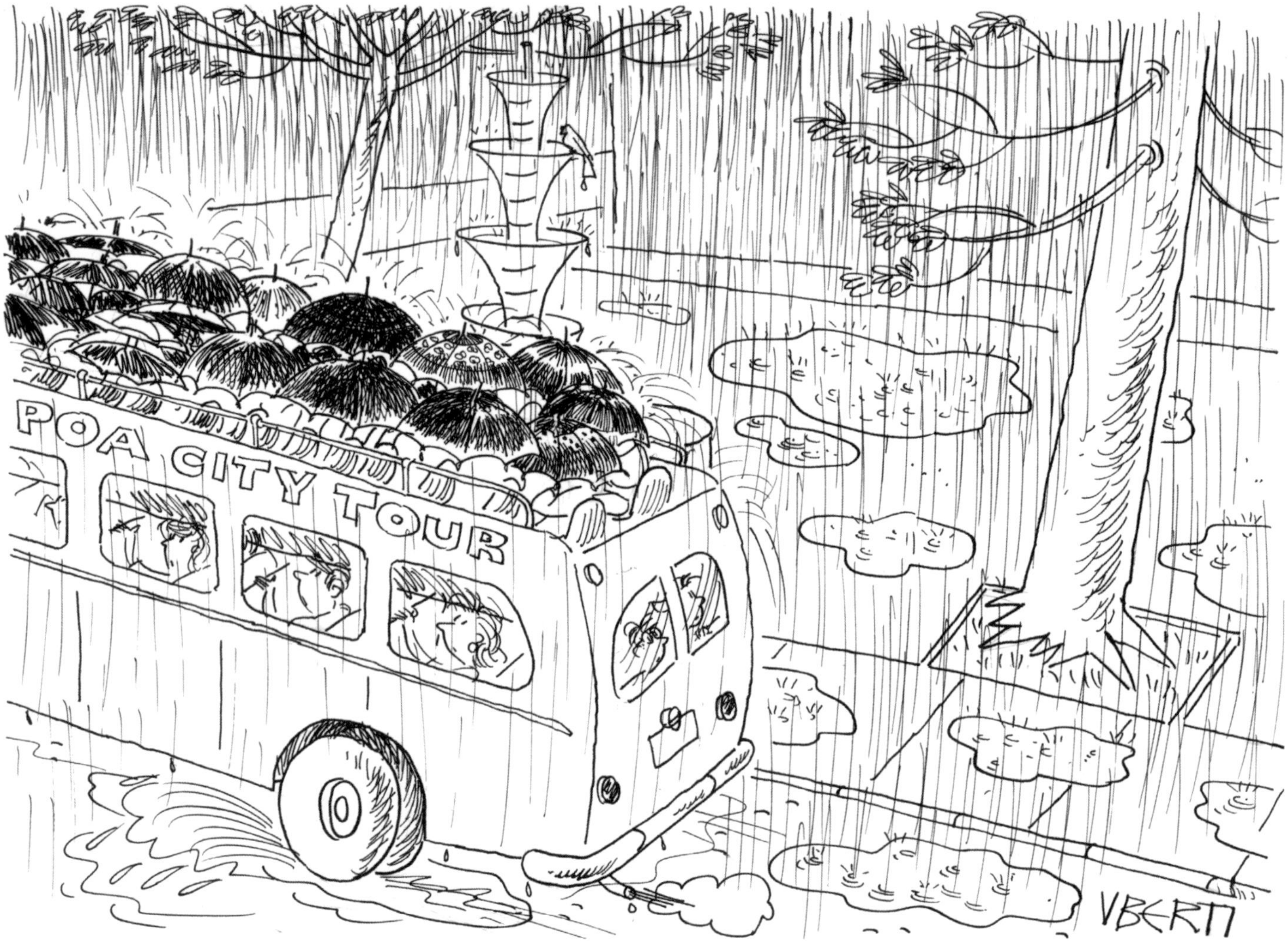
POA CITY TOUR
VBERTI

Uberti